ଲଳିତା

ଲଳିତା

ସଂଘମିତ୍ରା ଭଞ୍ଜ

ବ୍ଲାକ୍ ଈଗଲ୍ ବୁକ୍ସ
ଭୁବନେଶ୍ୱର, ଓଡ଼ିଶା

BLACK EAGLE BOOKS
Dublin, USA

ଲଳିତା / ସଂଘମିତ୍ରା ଭଞ୍ଜ

ବ୍ଲାକ୍ ଇଗଲ୍ ବୁକ୍ସ : ଭୁବନେଶ୍ୱର, ଓଡ଼ିଶା ● ଡବ୍ଲିନ୍, ଯୁକ୍ତରାଷ୍ଟ୍ର ଆମେରିକା

 BLACK EAGLE BOOKS

USA address:
7464 Wisdom Lane
Dublin, OH 43016

India address:
E/312, Trident Galaxy, Kalinga Nagar,
Bhubaneswar-751003, Odisha, India

E-mail: info@blackeaglebooks.org
Website: www.blackeaglebooks.org

First International Edition Published by
BLACK EAGLE BOOKS, 2023

LALITA
by **Sanghamitra Bhanja**

Copyright © Sanghamitra Bhanja

All rights reserved. No part of this publication may be reproduced, stored in a retrieval system, or transmitted, in any form or by any means, electronic, mechanical, photocopying, recording or otherwise without the prior permission of the publisher.

Cover: **Tanuj Malik**
Interior Design: Ezy's Publication

ISBN- 978-1-64560-389-4 (Paperback)

Printed in the United States of America

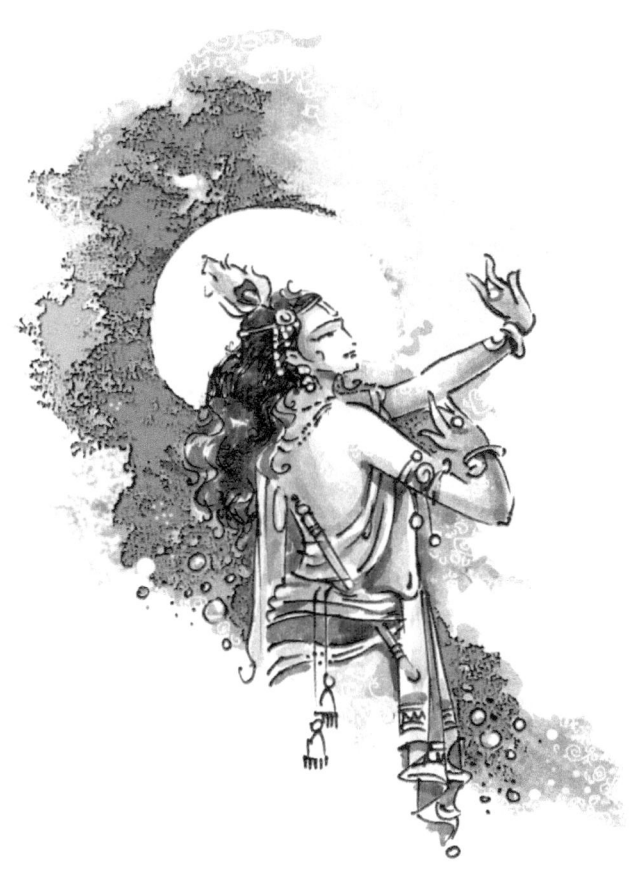

ତୁମକୁ - ଯିଏ ମୋତେ ଭାବ
ଏବଂ ଶବ୍ଦ ଦେଇ ଏସବୁ
ଲେଖେଇ ନେଇଛ ।

- ସଂଘମିତ୍ରା

ସୂଚିପତ୍ର

ପ୍ରସ୍ତାବନା	୦୯
ମୁଁ ଲଳିତା	୨୩
ଛ' ଋତୁର ବ୍ୟଥା	୨୬
ନିଦାଘ	୩୧
ବର୍ଷା	୩୩
ମୁଁ ତମ ପ୍ରତୀକ୍ଷାରେ	୩୬
ଶରତ-ହେମନ୍ତ	୪୧
ବାହୁଡ଼ି ନଇଲ	୪୬
ତମେ ଯେବେ ଫେରିଲନି	୫୧
ନିରବିତ ବିଳାପ	୫୪
ମୋ ପ୍ରେମ	୫୮
ତମ ପାଇଁ ମୁଁ ବିଶେଷ	୬୧
ଶେଷକୁ ପଦେ	୬୬
ଲଳିତାର ନିବେଦନ	୬୯
ନିଷ୍ଠୁର ସତ୍ୟ	୭୨
ନିଧିବନେ ଶ୍ରୀରାଧା ଓ ତମେ	୭୫
ନିତ୍ୟରାସ-ମହାରାସ	୭୮
ଅଦ୍ଭୁତ ଏ ଜୀବନ	୯୩
ଅପ୍ରାପ୍ତିର ଅଧୀଶ୍ୱରୀ	୧୦୪
କିଛି ଅପୂର୍ଣ୍ଣ ରହୁ	୧୦୭
ତୁମକୁ	୧୧୦

ପ୍ରସ୍ତାବନା

କେବେ ଜୀବନର ବାତାୟନ ଦେଇ ସମୟର ଉଦ୍ୟାନରୁ ଉଡ଼ିଆସୁଥିବା ପୀତବର୍ଣ୍ଣୀ ଶିରୀଷଫୁଲ ପାଖୁଡ଼ାର କୋମଳ ସ୍ପର୍ଶ ତ କେବେ ଚିନିଚମ୍ପାର ଅଦୃଶ୍ୟ ଅନୁଭବ କବିଚିତ୍ତକୁ ଆନମନା କରେ। ଢେଉଢେଉକା-ଭାସମାନ ବାଦଲଖଣ୍ଡରେ ଚକ୍‌ମକ୍ ଦିଶୁଥିବା ତାରକାଙ୍କ ଭିଡ଼ରେ ଅନାଦିକାଳର ପୂର୍ବଜମାନେ ତା' ଆଖିକୁ ଦିଶିଯାଆନ୍ତି। ଏହାପରେ କବିଙ୍କୁ ଶବ୍ଦ ଖୋଜିବା ଆୟାସସାଧ୍ୟ ମନେ ହୁଏ ନାହିଁ। କୋଳାହଳପୂର୍ଣ୍ଣ ଜଗତରେ ଥାଇ ସେ ନିଜ ପାଇଁ ସଂପୂର୍ଣ୍ଣ ନିଛାଟିଆ-ନିରୁପଦ୍ରବ ପରିବେଶଟିଏ ନିର୍ମାଣ କରେ। ଶିଶୁ ଆଖିପତାର କୋମଳ ନିଦପରି କବିର ନିରୀହ ସ୍ୱପ୍ନସବୁ; ଅର୍ଦ୍ଧମୁଦ୍ରିତ ଅବସ୍ଥାରେ ସାୟାହ୍ନର ନିରବିତ ନିବିଡ଼ ପରିଧି ହିଁ କବିର ନିଜସ୍ୱ ଭାବଭୂମି। ସର୍ବସମକ୍ଷରେ ଓ ଦିନ ଆଲୁଅରେ ଖୁବ୍ ସାଧାରଣ ଦିଶୁଥିବା ମଣିଷଟି ଯେ ନିଷିଦ୍ଧ-ଏକାନ୍ତ ପରିସର ଭିତରେ ଶବ୍ଦମାନଙ୍କୁ ଆୟତ୍ତ କରି ଲେଖନୀତନ୍ତ୍ରର ସାଧନା କରିଚାଲେ, ତାହା ଭୋଗି ନ ଥିବା ବ୍ୟକ୍ତି ବିଶ୍ୱାସ କରିପାରନ୍ତି ନାହିଁ।

କବି ପାଇଁ ଶବ୍ଦମାନଙ୍କୁ ଆୟତ୍ତ କରିବା ଏକ ସାଧନା। ବେଳେବେଳେ କବି ନିଜେ ହିଁ ନିଜ ଆୟତ୍ତରେ ନ ଥାଏ। ତେଣୁ ଶବ୍ଦଙ୍କୁ ଆହ୍ୱାନ କରିବାମାତ୍ରେ ସେମାନେ ଯେ ତତ୍‌କ୍ଷଣାତ୍ ଆସିଯିବେ, ତାହା ସମ୍ଭବ ନୁହେଁ। ଫଳରେ କବିଙ୍କୁ ସେମାନଙ୍କର ବାଟ ଚାହିଁ ବସିବାକୁ ହୋଇଥାଏ। ଈପ୍‌ସିତ ଅତିଥିର ଆଗମନୀକୁ ଚାହିଁ ପ୍ରତୀକ୍ଷା କଲା ଭଳି କବିର ଶବ୍ଦ-ଅନ୍ୱେଷା ଅନିର୍ଦ୍ଦିଷ୍ଟ, ଅସରନ୍ତି।

କବିଟେ ସମାଜର ଅଧିକାଂଶଙ୍କ ଦୃଷ୍ଟିରେ ନଗଣ୍ୟ। ଏହା ସ୍ୱାଭାବିକ। କିଏ କେମିତି ଜାଣିବ ଯେ କବି ମନରେ ସର୍ଜନାର ବିନ୍ଦୁଗୁଡ଼ିକ କେତେବେଳେ କି ପ୍ରକାର ଆକାର ନେଉଛନ୍ତି! କିଏ ଜାଣିବ, ଚିନ୍ତନର ବୀଜ ଅଙ୍କୁରିତ ହେବା ପରେ କିଭଳି କବିତାରୂପୀ ମହାଦ୍ରୁମ ତା'ର କାୟାବିସ୍ତାର କରୁଛି! ସେ ଦ୍ରୁମ ଅବିଶ୍ୱସନୀୟ ଭାବରେ ସ୍ୱର୍ଗର ପାରିଜାତକୁ ତା ଶାଖାପ୍ରଶାଖାରେ ଫୁଟେଇପାରିବ ବୋଲି କିଏ କାହିଁକି ଭାବିବ!

କବି ଆବେଗର ପ୍ରାବଲ୍ୟ ତାକୁ ପ୍ରଗଳ୍‌ଭ କରିଦିଏ। ଉଇଲିୟମ୍ ସେକ୍‌ସପିୟରଙ୍କ "The Lunatic, the lover and the poet are of imagination all compact' ଏଠାରେ ସ୍ମରଣୀୟ। ପ୍ରଗଳ୍‌ଭ ନ ହେଲେ ସେ କି କବି - ସେ କି କବିତା ? ମସ୍ତିଷ୍କର ହିସାବୀ କସରତ ଦ୍ୱାରା କ'ଣ କବିତା ଲେଖିହୁଏ ? କବି ସିଏ, ଯିଏ ଋତୁଚକ୍ରର ମୋଡ଼ ପରିବର୍ତ୍ତନ କରିପାରେ। କବି ସିଏ, ଯିଏ ମୃତବତ୍ ଜଡ଼ପିଣ୍ଡରେ ପ୍ରେମପୂର୍ଣ୍ଣ ଶବ୍ଦର କାଉଁରୀ ସ୍ପର୍ଶ ଦେଇ ଅନ୍ୟର ଜୀବନକୁ ସକ୍ରିୟ - ସ୍ୱର୍ଗୀୟ କରିପାରେ। ସବୁ କବିଙ୍କ ଲେଖନୀରେ କବିତାର ଶବ୍ଦ ସିଦ୍ଧ ହୁଏନି। ଯିଏ ତାକୁ ସାଧେ ସେ ହିଁ ସିଦ୍ଧି ପାଏ। କବିତାର ଅନ୍ତିମ ବିନ୍ଦୁରେ ପ୍ରତିଟି କବିକୁ ମନେହୁଏ ଯେ, ଏତିକିରେ ହିଁ ତା'ର କବିତାର ଶେଷ। ଯା'ପରେ ହୁଏତ ଆଉ ଲେଖିବା ସମ୍ଭବ ହେବନାହିଁ। ମାତ୍ର କବିର ନିଭୃତ ଆବେଗ, ତା'ର ନିରବତା, ତା'ର ଅନୁଭବାତ୍ମକ ଉପଲବ୍ଧି କେତେବେଳେ ଯେ ଆଉ ଏକ ନୂଆ କବିତାର ନବଜନ୍ମ ଘୋଷଣା କରିବ ତାହା କବିକୁ ଜଣା ନ ଥାଏ।

ପଦ୍ମବିଭୂଷଣ ରମାକାନ୍ତ ରଥ ଥରେ ଏକ ସାକ୍ଷାତରେ କହିଥିଲେ- 'ଶ୍ରୀରାଧା ଲେଖିଲାବେଳେ କେହି ଜଣେ ତାଙ୍କୁ କାନରେ କହିଦିଏ।' ମୁଁ ମଧ୍ୟ ବିଶ୍ୱାସ କରେ ଯେ ପ୍ରକୃତ କବିକୁ ଆତ୍ମାର ଉଚ୍ଚାରଣ ବାଟ କଢ଼େଇନିଏ। କବି ପାଇଁ ତା'ର ସେଇ ଆତ୍ମିକ ଉଚ୍ଚାରଣ ହିଁ ଈଶ୍ୱର। ସେହି ଉହଡହ ଯନ୍ତ୍ରଣା ଭିତରେ ବିଶ୍ୱାସର ମହମହ ସୁବାସିତ ଫୁଲଙ୍କୁ ସଜେଇ ଈଶ୍ୱରର ବାଟଚାହିଁ ବସିରହିବାକୁ ହୁଏ। 'ବୋଧିଛାୟା' ପରେ 'ଲଳିତା' ମୋର ଚତୁର୍ଥ କବିତା ପୁସ୍ତକ। 'ଲଳିତା' ଅନୁଭବ ଏବଂ ଉପଲବ୍ଧିର ପ୍ରେମପୂର୍ଣ୍ଣ-ଚାରୁ ଅଭିବ୍ୟକ୍ତି। ଏହା କାବ୍ୟଧର୍ମୀ ପୁଣି ଏହାର ନାୟକ ମହାଯୋଗୀ କୃଷ୍ଣ ଏବଂ ନାୟିକା ଶ୍ରୀରାଧା ନୁହନ୍ତି, ପାର୍ଶ୍ୱନାୟିକା - ଦୂତୀ ଲଳିତା। ଲଳିତାଙ୍କୁ ନେଇ କବି ରାଧାମୋହନ ଗଡ଼ନାୟକ, ସମାଲୋଚକ ନଟବର ସାମନ୍ତରାୟ, ସମାଲୋଚକ ଆଶୁତୋଷ ପଟ୍ଟନାୟକ ତଥା ଓଶୋଙ୍କ ଦୃଷ୍ଟିକୋଣ ଓ ବିଚାର ମୋତେ ଏହି କାବ୍ୟ ଲେଖିବା ସମୟରେ କେତେକାଂଶରେ ପ୍ରଭାବିତ କରିଛି।

ଦ୍ୱାପର ଯୁଗରେ 'ଲଳିତା' ରାଧା ଓ କୃଷ୍ଣଙ୍କ ମଧ୍ୟରେ ମଧ୍ୟସ୍ଥତା କରୁଥିବା ଦୂତୀ

କେବଳ ନ ଥିଲେ, ଥିଲେ ଜଣେ ସମର୍ପିତ ଭକ୍ତ। ଭକ୍ତ ଏବଂ ଭଗବାନଙ୍କ ମଧ୍ୟରେ ଯେଉଁ ଅନିର୍ବଚନୀୟ ପ୍ରଗାଢ଼ ସଂପର୍କ ଥାଏ, ତାହା କେବଳ ଭକ୍ତ ବୁଝିଥାଏ। କେବେ ଦାସ, ସଖା ଓ କେବେ କାନ୍ତା ଭାବରେ ଭକ୍ତ ନିଜର ବିଭୁପ୍ରେମର ପ୍ରତିଷ୍ଠା କରିଥାଏ। ନବଧା ଭକ୍ତିରେ ଶ୍ରବଣ, କୀର୍ତ୍ତନ, ସ୍ମରଣ, ପାଦସେବନ, ଅର୍ଚ୍ଚନ, ବନ୍ଦନ, ଦାସ୍ୟ, ସଖ୍ୟ, ଆତ୍ମନିବେଦନକୁ ଗୁରୁତ୍ୱ ପ୍ରଦାନ କରାଯାଇଛି। ସ୍ମରଣ ଏବଂ ଆତ୍ମନିବେଦନ କ୍ଷେତ୍ରରେ ଗୋପୀମାନଙ୍କ ପ୍ରେମ ମହତ୍ତ୍ୱପୂର୍ଣ୍ଣ ଭୂମିକା ଗ୍ରହଣ କରେ। 'ଦାସ୍ୟ' ଭାବସଂପନ୍ନା 'ଲଳିତା' ଶ୍ରୀରାଧାଙ୍କର ଅଷ୍ଟସଖୀ ମଧ୍ୟରୁ ବିଶେଷ ଏବଂ ପ୍ରିୟ ସଖୀ ଥିଲେ। ସଂପୂର୍ଣ୍ଣ ବ୍ରଜଧାମ ଲଳିତାଙ୍କ ପ୍ରେମ ଏବଂ ଆସ୍ଥାର କଥା କହେ। ଲଳିତା ଗଭୀର ପ୍ରେମକୁ ବୁଝୁଥିଲେ। ସେଥିପାଇଁ ସେ ରାଧା-କୃଷ୍ଣଙ୍କର ସବୁଠାରୁ ଅନ୍ତରଙ୍ଗ ଥିଲେ। ଲୀଳାମୟ କୃଷ୍ଣଙ୍କ ଦ୍ୱାରିକା ଜୀବନ ଗୋପୀମାନଙ୍କ ସାନ୍ନିଧ୍ୟରେ ବିତିଥିଲା। ସେଇ ସମୟରେ ଶ୍ରୀରାଧାଙ୍କ ଅଷ୍ଟସଖୀ ଥିଲେ ଲଳିତା, ବିଶାଖା, ଚିତ୍ରା, ଇନ୍ଦୁଲେଖା, ଚମ୍ପକଲତା, ରଙ୍ଗଦେବୀ, ତୁଙ୍ଗବିଦ୍ୟା ଏବଂ ସୁଦେବୀ। ଶ୍ରୀଧାମ ବୃନ୍ଦାବନର ଏହି ଅଷ୍ଟସଖୀଙ୍କ ମଧ୍ୟରୁ ଲଳିତା ଶ୍ରୀରାଧାଙ୍କର ପରମପ୍ରିୟ, କୃଷ୍ଣପ୍ରେମର ଅଧିକାରିଣୀ ତଥା ଘନିଷ୍ଠ ସଖୀ ଭାବରେ ବିଶେଷ ମହତ୍ତ୍ୱ ରଖୁଥିଲେ। କୁହାଯାଏ - ଲଳିତା ମଧ୍ୟ ଶ୍ରୀକୃଷ୍ଣଙ୍କୁ ସେତିକି ପ୍ରେମ କରୁଥିଲେ ଯେତିକି ଶ୍ରୀରାଧା, କିନ୍ତୁ ଲଳିତା ନିଜ ପ୍ରେମକୁ କେବେହେଲେ ଅଭିବ୍ୟକ୍ତ କରି ନ ଥିଲେ। ସ୍ୱୟଂ ଭଗବାନ ଶିବଙ୍କଠାରୁ ଲଳିତା ଏହି 'ସଖୀଭାବ'ର ଦୀକ୍ଷା ଲାଭ କରିଥିଲେ ବୋଲି କୁହାଯାଏ। ପୁଣି କଥିତ ଅଛି ଯେ ମୀରା ରୂପରେ ଲଳିତା ହିଁ ପୁନର୍ବାର ଜନ୍ମଲାଭ କରିଥିଲେ ଏବଂ ଶ୍ରୀକୃଷ୍ଣ ଭକ୍ତିର ପ୍ରଚାର ପ୍ରସାର କରିଥିଲେ।

ମଥୁରାରେ ଭାଦ୍ରବ ମାସର ଶୁକ୍ଳପକ୍ଷ ସପ୍ତମୀ ତିଥିରେ ଲଳିତା ଦେବୀଙ୍କୁ ପୂଜା କରାଯାଏ। ଏହା ମଥୁରାରେ ଗୋପିକା-ଲଳିତା ଜୟନ୍ତୀ ରୂପେ ଖ୍ୟାତ। ଏହି ଦିନ ଭଗବାନ ଶ୍ରୀକୃଷ୍ଣ ଏବଂ ରାଧାଙ୍କ ସହିତ ଲଳିତାଙ୍କ ପୂଜା କଲେ ବିଶେଷ ପୁଣ୍ୟ ପ୍ରାପ୍ତ ହୋଇଥାଏ। ଲଳିତା ଜୟନ୍ତୀ ପରଦିନଟି ରାଧାଷ୍ଟମୀ ନାମରେ ଖ୍ୟାତ। ଅମୃତର ସାର ହିଁ ରସ। ଶ୍ରୀକୃଷ୍ଣ ଥିଲେ ରସାଧିପତି। ଅମୃତସାର ଶ୍ରୀକୃଷ୍ଣ ପ୍ରେମରେ ନିମଜ୍ଜିତ ପ୍ରକୃତ ବୈଷ୍ଣବ ସର୍ବଦା ସଂସାରର ସର୍ବଭୂତର ଅପୂର୍ବ ସୌନ୍ଦର୍ଯ୍ୟ ଅବଲୋକନ ସହିତ କଲ୍ୟାଣ କାମନାରେ ଅନୁବ୍ରତୀ ଥାଏ।

'ବୋଧିଛାୟା' ପରେ କିଛିକାଳ ମୁଁ ଶବ୍ଦ ସନ୍ଧାନ କରିପାରୁ ନ ଥିଲି। ଭାବନା ଜମାଟ ବାନ୍ଧୁ ନ ଥିଲା କି ମନକୁ ଆଚ୍ଛନ୍ନ କରୁ ନ ଥିଲା। ହଠାତ୍ ଏକ ଅଦ୍ଭୁତ ଅନୁଭବ ମୋତେ ଦୀର୍ଘଦିନ ଧରି ସଂକ୍ରମିତ କଲା ଓ ମୋତେ ତା'ର ଆବେଷ୍ଟ

ଭିତରେ ବାନ୍ଧି ରଖିଲା । ସ୍କୁଲ୍ ଦିନରେ ମୁଁ ଭଲ ପାଠ ପଢୁ ନ ଥିବାରୁ ବିଦ୍ୟାଳୟର ପ୍ରଣମ୍ୟ ଶିକ୍ଷକ ଶ୍ରୀ ନରେନ୍ଦ୍ରନାଥ ଆଚାର୍ଯ୍ୟ ଗୁରୁ ଦୀକ୍ଷା ନେଇଯିବା ପାଇଁ ମୋ ମାଆ-ବାପାଙ୍କୁ ସୁଚିନ୍ତିତ ଉପଦେଶ ଦେଇଥିଲେ । ମହାନ୍ ସନ୍ନ୍ୟାସୀ ସ୍ୱାମୀ ଚିଦାନନ୍ଦ ସରସ୍ୱତୀ ମହାରାଜଙ୍କ ଠାରୁ ପ୍ରତ୍ୟକ୍ଷ ଭାବରେ କୃଷ୍ଣମନ୍ତ୍ରରେ ଦୀକ୍ଷିତ ହେବାର ସୌଭାଗ୍ୟ ଅର୍ଜନ କରିବା ପରେ ପ୍ରକୃତରେ ଅଦ୍ଭୁତ ଭାବରେ ମୋ ଜୀବନ ପରିବର୍ତ୍ତିତ ହୋଇଯାଇଥିଲା । 'ବୋଧିଛାୟା'ରେ ସେଇ ଅଲୌକିକ ଅନୁଭବ ସଂପର୍କରେ ମଧ୍ୟ ମୁଁ ଉଲ୍ଲେଖ କରିଛି । ବିଷ୍ଣୁଙ୍କ ଦଶାବତାର ମଧ୍ୟରୁ ବୁଦ୍ଧାବତାର ରୂପ ମୋତେ ଅଧିକ ଆଚ୍ଛନ୍ନ କରେ ଏବଂ ଶ୍ରୀକୃଷ୍ଣ ମୋର ଇଷ୍ଟ । ଉଭୟଙ୍କୁ ମୁଁ ଏକ ମନେ କରେ । ମୋ ମା' କହେ ମଣିଷ ଜନ୍ମ ନେଇ ଯଦି ଆମେ ଆମ ଇଷ୍ଟଙ୍କ ନାମ କୀର୍ତ୍ତନ କଲେନାହିଁ ତେବେ ଏ ଜନ୍ମର ଋଣରୁ ଆମେ ମୁକ୍ତ ହେବା କେମିତି ? ଚୀନ୍‌ର ବାଉଁଶଗଛ ପ୍ରସଙ୍ଗ ଏଠାରେ ସ୍ମରଣୀୟ । କିଛି ବାଉଁଶ ଗଛ ପାଣି-ପବନ ପାଇ ବଢ଼ିଯାଆନ୍ତି, ଆଉ କିଛି ବର୍ଷ ବର୍ଷ ଧରି ମଧ୍ୟ ବଢ଼ନ୍ତି ନାହିଁ । କିନ୍ତୁ ଆକସ୍ମିକ ଭାବରେ ମାଟି ଭିତରେ ଶୋଇ ରହିଥିବା ସେଇ ବାଉଁଶ ଦିନେ ହଠାତ୍ ଚେଇଁଉଠେ ଏବଂ ସୁଲମ୍ବ ଓ ସମୁଚ୍ଚ ହୋଇଯାଏ । ଅନୁରୂପ ଭାବରେ ମୋ ଜୀବନ ମାଟିତଳେ ପୋତି ହୋଇଥିବା ସେଇ ବାଉଁଶ ଗଛର ଚେରପରି ପ୍ରକୃଷ୍ଟ ସମୟ ଓ ସୁଯୋଗ ପାଇ କିଛି ପରିମାଣରେ ଧନ୍ୟ ହୋଇଛି ।

ମୋର ପାଠକ-ପାଠିକାଙ୍କ ନିକଟରେ ସତ୍ୟବଦ୍ଧ ସ୍ୱୀକାରୋକ୍ତି ଯେ, ଯେଉଁମାନେ ମୋତେ ହେୟ ମନେ କରନ୍ତି ସେମାନେ ଠିକ୍, ଆଉ ଯେଉଁମାନେ ମୋତେ ସ୍ୱତନ୍ତ୍ର ମନେ କରନ୍ତି ସେମାନେ ମଧ୍ୟ ଠିକ୍ । କେବଳ ଏତିକି କଥା ଯେ, ଉଭୟ ପ୍ରକାର ବ୍ୟକ୍ତିବିଶେଷଙ୍କ ସହିତ ମୁଁ କୌଣସି ପ୍ରକାର ଯୋଗାଯୋଗ ରକ୍ଷା କରିପାରିନାହିଁ । ଏତିକି ନିଶ୍ଚୟ କହିବି ଦସ୍ୟୁ ରତ୍ନାକରରୁ ବାଲ୍ମୀକି ଓ ଚଣ୍ଡାଶୋକରୁ ଧର୍ମାଶୋକ ପାଲଟିଥିବା ଘଟଣା ଅମୂଳକ ନୁହେଁ । ମଳୟ ସ୍ପର୍ଶରେ ନିମ୍ବ ଚନ୍ଦନରେ ପରିଣତ ହେବା ମଧ୍ୟ ବିଚିତ୍ର ନୁହେଁ । କାଲିର ନଗଣ୍ୟ ମଣିଷ ଭିତରେ ଆଜିର ସ୍ୱତନ୍ତ୍ର-ସମ୍ଭାବନା ସେଇ ଅଲୌକିକ ସତ୍ତାର ଆଶୀର୍ବାଦ ମାତ୍ର !

ପ୍ରତ୍ୟେକ ମଣିଷର ଜୀବନ ଶହର ମହାନାଟକ । ଭିନ୍ନ ଭିନ୍ନ ଭୂମିକାରେ ଆମେ ସମସ୍ତେ ଅଭିନୟ କରୁ । ନାରୀ ପୁରୁଷ ଊର୍ଦ୍ଧ୍ୱରେ ଆମେ ସମସ୍ତେ ଜଣେ ଜଣେ ଲଳିତା । କିଛି ନା କିଛି ଅପ୍ରାପ୍ତିକୁ ନେଇ ଆମେ ଭିତରେ ଭିତରେ ଗୁମୁରି କାନ୍ଦୁଥାଉ । ଅତୃପ୍ତି ଏବଂ ଅଭୀପ୍ସା ମଧ୍ୟ ଦେଇ ଜୀବନର ଦୀର୍ଘଯାତ୍ରାରେ ଲଳିତାର ପ୍ରାପ୍ତିଛା କେଉଁଠି ହଜିଯାଇଥାଏ । ଆଧୁନିକ ଲଳିତାମାନେ ନିଜ ଅସାମର୍ଥ୍ୟ ଓ ଅସହାୟ ସ୍ଥିତି ଯୋଗୁଁ

ନିଜ ଭାବନାକୁ ଅନ୍ୟ ନିକଟରେ ପ୍ରକାଶ କରିପାରନ୍ତି ନାହିଁ। ନିଜ ଉଦ୍‌ଗତ ଆକୁଳ ଆବେଗକୁ ଚାପିରଖି ତାଙ୍କ ଭିତରୁ ଅନେକେ ସଂସାରରୁ ବିଦାୟ ନେଇ ଯାଆନ୍ତି। ଅବ୍ୟକ୍ତ ବେଦନାରେ ବାକ୍‌ରୁଦ୍ଧ ବ୍ୟକ୍ତିସତ୍ତା ହିଁ ଲଳିତା ! ସେଥିପାଇଁ ଲଳିତାକୁ ଖୋଜି ପାଇବାକୁ ପାଠକମାନଙ୍କୁ କଷ୍ଟ ହେବ ନାହିଁ କି ଲଳିତାର ଶବ୍ଦ ସେମାନଙ୍କୁ ଅପରିଚିତ ମନେ ହେବ ନାହିଁ। ଆମ ବାହ୍ୟଜଗତ (ପ୍ରକୃତି) ଏବଂ ଆମ ଚେତନା (ପୁରୁଷ) ମଧ୍ୟରେ ଲଳିତାରୂପୀ ଆତ୍ମା ତା'ର କର୍ତ୍ତବ୍ୟ ପାଳନ କରିବା ବିଧେୟ। ପ୍ରକୃତି ଓ ପୁରୁଷର ମହାମିଳନ ହିଁ ରାସ ଓ ସୃଷ୍ଟିରକ୍ଷା !

ପୁରାଣ ଦ୍ୱାପରର ଗୋପଲୀଳାକୁ ଆଧୁନିକ ଯୁଗର ଏକବିଂଶ ଶତାବ୍ଦୀରେ ନୂଆ ଭାବରେ ଦେଖିବା ଆଗରୁ ଅନେକ କଥା ବୁଝିବାକୁ ହୁଏ। ଭାରତୀୟ ପୁରାଣ ପରଂପରାରେ ଭିନ୍ନ ଭିନ୍ନ ଯୁଗ ଓ ଯୁଗସନ୍ଧିର ଲକ୍ଷଣ ସହ ବୈଷ୍ଣବୀୟ ଚେତନାର ମୂଳ ଉତ୍ସ ସମ୍ବନ୍ଧରେ ଆଲୋଚନା ଏଠାରେ ପ୍ରାସଙ୍ଗିକ। ବୈଷ୍ଣବ ଧର୍ମଠାରୁ କୃଷ୍ଣଲୀଳା ବହୁ ପୁରାତନ। ସେଥିପାଇଁ ଲଳିତାର ମନଃସ୍ଥିତି ଅଧ୍ୟୟନ ପୂର୍ବରୁ ପୃଷ୍ଠଭୂମି ଭାବେ କେତୋଟି କବିତା ଏଠାରେ ଉପସ୍ଥାପନ କରୁଛି ଯାହାକୁ ଏ କାବ୍ୟଗ୍ରନ୍ଥର ପ୍ରସ୍ତାବନା ଭାବେ ପାଠକମାନେ ଗ୍ରହଣ କରିବାଲାଗି ମୋର ନମ୍ର ନିବେଦନ।

ବର୍ତ୍ତମାନ ମୁହୂର୍ତ୍ତ ନିମିଷକ ମଧ୍ୟରେ ଅତୀତର ଧୂମାଭ ଆସ୍ତରଣ ମଧ୍ୟରେ ବିଲୀନ ହୋଇଚାଲିଥାଏ। ଅତୀତରେ ଆମେ ଅନେକ ଯୁଗୀୟ ସନ୍ଧି ଓ ସିଦ୍ଧିକୁ ଯେ ଭୋଗିଛେ, ତାହା ବେଳେବେଳେ ଅବିଶ୍ୱସନୀୟ ମନେ ହେଉଥିଲେ ହେଁ ସତ୍ୟ। ଆମ ପୂର୍ବଜମାନଙ୍କ ସ୍ଥିତି ବ୍ୟତିରେକ ଆମ ପିତୃପୁରୁଷ, ତାଙ୍କ ପରେ ଆମେ ଓ ଆମ ପରେ ଆମ ଉତ୍ତରପୁରୁଷମାନଙ୍କ ସ୍ଥିତି ସଂପର୍କରେ ଏମିତି ଭାବାତ୍ମକ ଶୃଙ୍ଖଳର ଅବବୋଧଟି ସଂଶୟାଛନ୍ନ ରହିବ ଏହା ନିଃସନ୍ଦେହ। କହିବା ବାହୁଲ୍ୟ ଏହି ଯେ, ଅତୀତର ଯୁଗୀୟ ନିର୍ଯାସ ମଧ୍ୟରେ ଗଚ୍ଛିତ ଆମ ଲୋକବିଶ୍ୱାସ, ପୁରାଣକଳ୍ପ ତଥା ଇତିହାସ ଭିତ୍ତିକ ଅସଂଖ୍ୟ ଅବସ୍ଥାର ପରିବର୍ତ୍ତିତ ରୂପକୁ ଆମେ ଆଜିର ନିର୍ଦ୍ଦିଷ୍ଟ ବିନ୍ଦୁରେ ଆକଳନ କରିବା ବ୍ୟତୀତ ଅନ୍ୟ କିଛି ଉପାୟ ନାହିଁ।

ଆମେ ଯେତେ ଅତ୍ୟାଧୁନିକ ହେଲେ ହେଁ ଅତୀତର ଛିନ୍ନପୃଷ୍ଠା ମଧ୍ୟରୁ ସତ୍ୟ, ତ୍ରେତୟା ଓ ଦ୍ୱାପର ଯୁଗର ସେହି ଧର୍ମଧାରା ଓ ତା'ର ବିକାଶପର୍ବକୁ ଅଗ୍ରାହ୍ୟ କରିବା ସମ୍ଭବ ନୁହେଁ। ବିଜ୍ଞାନସମ୍ମତ କଳା-କୌଶଳର ନିତ୍ୟନୂତନ ଜ୍ଞାନଭୂମି ଉପରେ ଅସଂଖ୍ୟ ପ୍ରଶ୍ନକୁ ଘେରି ରହିଥିବା ମସ୍ତିଷ୍କ ଏବଂ ଆତ୍ମାର ସଂଘର୍ଷ ଅହରହ ଚାଲିଛି। ବ୍ରାହ୍ମଣ୍ୟବାଦରୁ ବୌଦ୍ଧବାଦ ମଧ୍ୟରେ ଭିନ୍ନ ଭିନ୍ନ ଧର୍ମୀୟ ବିଚାର ଭାରତୀୟମାନଙ୍କ ଆଧ୍ୟାତ୍ମିକ ମନୋଭୂମିକୁ ଆଚ୍ଛନ୍ନ କରିଛି। ତନ୍ମଧ୍ୟରୁ ବୈଷ୍ଣବ ଧର୍ମର ଆରାଧ୍ୟ ଭାବରେ ପୂଜିତ

ମହାବିଷ୍ଣୁଙ୍କୁ ତ୍ରେତୟାର ରାମ, ଦ୍ୱାପରର କୃଷ୍ଣ ଏବଂ ଆଧୁନିକ କଳିଯୁଗର କଲ୍ମଷହାରୀ- ପତିତପାବନ ଶ୍ରୀଜଗନ୍ନାଥଙ୍କ ମଧ୍ୟରେ ଆମେ ଦର୍ଶନ କରୁ।

ସାଂପ୍ରତିକ ସମୟର ଏକ ନିର୍ଦ୍ଦିଷ୍ଟ କାଳଖଣ୍ଡରେ ଥାଇ ବିଷ୍ଣୁ ଭକ୍ତ ସେମାନଙ୍କର ପରମ ଇଷ୍ଟ ଗୋଲୋକବିହାରୀଙ୍କ ଆରାଧନା ନିମନ୍ତେ ଧାରଣ କରୁଥିବା ଯୋଗ୍ୟତାକୁ ପ୍ରକୃତ ବୈଷ୍ଣବ ଏକ ତତ୍ତ୍ୱ ଭାବରେ ବୁଝେ। ମୋ ମତରେ-

"ପ୍ରାରବ୍ଧ ସୁକୃତ ପୁଣି କଷ୍ଟର ସଂସ୍କାର
ଅତୀନ୍ଦ୍ରିୟ ଅନୁରାଗେ ବିହରେ ଯେ ନର
ସମଗ୍ର ଜଗତ ପାଇଁ
ଯା'ର ଥାଏ ଚାହାଣୀ ଉଦାର
ଯେ ଅନୁଭବର ସାମର୍ଥ୍ୟ ନେଇ
ଅବ୍ୟକ୍ତ ଯନ୍ତ୍ରଣାକୁ ବୁଝେ
ଆଉ ବୁଝେ ମାନବର ଅସୀମିତ
ଦାହ ଓ ଜ୍ୱଳନ
ଯେ ଶୁଣିପାରେ
ମନରୁ ମନର, ଅଶ୍ରୁତ ପୁଣି ଅଶ୍ରୁତର ସ୍ୱର
ଯେ ବୁଝିପାରେ ଅନ୍ୟ ଆର୍ତ୍ତି - ଯନ୍ତ୍ରଣାକୁ
ଅନ୍ୟ ଦୁଃଖ - ଆବେଗକୁ
ନିଜର ଆତ୍ମାରେ
ଜଗତ ବ୍ୟଥାକୁ ନେଇ ଯେ ନିରବେ ଉଦ୍‌ବିଗ୍ନ
ସେହିଁ ତ ପରମ ବୈଷ୍ଣବ !
ପରମ ବୈଷ୍ଣବ ସିଏ
ଯିଏ ପ୍ରଗାଢ଼ ପ୍ରେମରେ ଥାଇ
ବୃକ୍ଷ-ଲତା, ଫୁଲ-ଋତୁ
ଚନ୍ଦ୍ର-ତାରା, ସୂର୍ଯ୍ୟ ଅବା ଇନ୍ଦ୍ରଧନୁର
ପ୍ରତିଟି ରୂପକୁ ଆଦରେ ଅନ୍ତରଙ୍ଗତାରେ
ଅନ୍ୟର କ୍ଷତକୁ ବୁଝି
ସସ୍ନେହେ ପରଶ ଦିଏ
ଅପରର ପୀଡ଼ା ଆଉ ବେଦନା ଉପରେ !

ସଂସାର ବିରାଗ ଯିଏ ସେଇ ତ ବୈଷ୍ଣବ
ଲୋଭ-ଘୃଣା ମୋହ ତ୍ୟାଗୀ
ନିର୍ମୋହୀ ସେ ଭକ୍ତ
ଅହଂକାର ଲେଶମାତ୍ର
ନଥାଏ ଯା'ଠାରେ
ପରଦୁଃଖ ଦେଖି ଯିଏ
ରହେନି ଶାନ୍ତିରେ
ମାୟିକ ଜଗତ ପ୍ରତି
ନିୟତ ଯେ ଅତି ହିଁ ବିରକ୍ତ
ସେଇ ଅଟେ ପ୍ରକୃତରେ ଭକ୍ତ
ସର୍ବଭୂତ ଆତ୍ମାଠାରେ
ବୈଷ୍ଣବ ହିଁ ହୋଇଥାଏ ଆତ୍ମାରେ ସଂଯୁକ୍ତ।
ଭକ୍ତି ତାର ଆତ୍ମାର ବିଭବ
ସଦାନନ୍ଦ-ଚିତ୍‌ମୟ ଦିବ୍ୟ ସେ ବୈଷ୍ଣବ।
ଜଗତ ଯେ ଉଚ୍ଚନୀଚ ଭେଦ ସେ ଦେଖେନି
ମଣିଷକୁ ଅହଂକାରେ ହୀନ ମଣେ ନାହିଁ।
ପରମ ବୈଷ୍ଣବ ସିଏ
ସମାହିତ ଅବସ୍ଥାରେ
ନିରପେକ୍ଷ ଭାବ ନେଇ
ଜୀବେ ଦୟା ବହେ।"

ପ୍ରକୃତ ବୈଷ୍ଣବ ଛଳନା କରେ ନାହିଁ, ତିଳକ ଧାରଣ କରି ଅନ୍ୟର କ୍ଷତି ପହଞ୍ଚାଇବା ପାଇଁ ମନ୍ତ୍ରଣା କରେ ନାହିଁ କି ଆଘାତ ଦେବା ଲାଗି ଅପଶବ୍ଦର ପ୍ରୟୋଗ କରେ ନାହିଁ। କାୟ-ମନ ବଚନରେ ଏବଂ ଚେତନାରେ ସେ କୃଷ୍ଣାର୍ପିତ ଥାଏ। ସେ ନିଜେ ହିଁ 'ଜୀବାତ୍ମା' ଏବଂ ପରମ ସତ୍ତା ରୂପେ ଶ୍ରୀକୃଷ୍ଣଙ୍କୁ ଗ୍ରହଣ କରି ନେଇଥାଏ। ଜୀବ ଓ ପରମର ସଂପର୍କ ଅବିଚ୍ଛେଦ୍ୟ।

"ଭୂଲୋକରେ ଭୂମିକାରେ ଥାନ୍ତି ଦୁଇଜଣ
ଜୀବ ଓ ପରମ
ସେ ଜୀବ - ଯେ ଜିଇବାର ଅନୁଭବ ନେଇ ସଦା ସଚେତନ
ଯେ ନିଜ ଅସ୍ତିତ୍ୱର ସ୍ଥିତି ପାଇଁ

କରେ ପରୀକ୍ଷଣ
ଯେ ବଞ୍ଚିବାର ଆଙ୍କୁଥାଏ ନୂଆ ପରିଭାଷା
ଯଦିଚ 'ମୁଁ'ର ପ୍ରତିଷ୍ଠା ଏଠି
ପ୍ରତି ଜୀବ-ମାନବର ଗାଥା ।

ଜୀବ: ସଂସାର ଅବିଦ୍ୟା ଚକ୍ରେ
ପଞ୍ଚଭୂତ-ତତ୍ତ୍ୱର ଶରୀରେ
ଯେ ଶୁଦ୍ଧ ବି ମୁକ୍ତ ବି
ସାଂସାରିକ ସୃଷ୍ଟି ରକ୍ଷା
ଯାହାର ଏକମାତ୍ର ଲକ୍ଷ୍ୟ
ବ୍ରହ୍ମାଣ୍ଡର ସକଳତତ୍ତ୍ୱକୁ ନେଇ ଯିଏ
ଛନ୍ଦିହୁଏ ତ୍ରିଗୁଣ ମାୟାରେ,
ନିଜଠୁ ବିସ୍ମୃତ ହୋଇ
ଅସ୍ତିତ୍ୱକୁ ଖୋଜେ ଯିଏ ଅନିତ୍ୟ କାୟାରେ
ନର୍ତ୍ତକୀ ମାୟା କବଳେ ଥାଏ
ଭ୍ରମିତ ଜଗତ
ସଂପର୍କର ମୋହଜାଲୁ
ସହଜରେ ହୁଏ ନାହିଁ ମୁକ୍ତ
ଅବିଦ୍ୟା-ମାୟା ମୋହରେ
ପ୍ରଲୁବ୍ଧ ଏ ଭବ
ଅଳୀକ ସଂସାର ଦୀପେ
ପତଙ୍ଗସମ ଯେପରି ଜଳୁଥାଏ ଜୀବ
ମାୟା ଅପସରିଗଲେ ଜୀବ ଯେ ପରମ !

ପରମ: ସ୍ଫୁଲିଙ୍ଗ ସେ ବ୍ରହ୍ମ ପରଂ ତତ୍ତ୍ୱ
ଚଉଦ ଭୁବନେ ସେ ଯେ ସବୁଠାରେ ବ୍ୟାପ୍ତ
ଆବର୍ତ୍ତ-ବିବର୍ତ୍ତନର ଦେଇ ପାରେ ସାକ୍ଷ୍ୟ !
ଯେ ଅମନ-ବିରାମ
ମନ-ବୁଦ୍ଧି-ଅହଂକାର ଲଂଘି

ଜଡ଼-ଶରୀର-ଚେତନ
ବୁଦ୍ଧିର ଊର୍ଦ୍ଧ୍ୱରେ
ସୂକ୍ଷ୍ମ ପୁଣି ସର୍ବଜୀବ ଆତ୍ମା
ଭାସମାନ ମେଘଖଣ୍ଡେ
ଜଳକଣା ତୁଲ୍ୟ
ଚୈତ୍ତିକ ଆଲୋକ
ଅସ୍ତିତ୍ୱର ଆଧାରକୁ ସାକ୍ଷାତ କରାଇ ଯିଏ, ବୁଝାଏ ତା ମର୍ମ
ସେହି ତତ୍ତ୍ୱ ଅଟେ ଯେ ପରମ !
ସହସ୍ର ଆଲୋକବିନ୍ଦୁ ସନାତନ ବ୍ରହ୍ମ !"

ମାନବ ନିଜ ନଶ୍ୱର ଅବସ୍ଥାକୁ ଜାଣି ମଧ୍ୟ ଜାଞ୍ଜାଳିକ ଓ ମୋହ-ମାୟାଗ୍ରସ୍ତ ହୁଏ। କାଳବକ୍ଷରେ ତା'ର ଧନ-ଯୌବନ-ମାନ-ଯଶ ଓ ସମ୍ମାନ ଯେ ଦିନେ ଧରାଶାୟୀ ହେବ ସେ ତାହା ବୁଝେ। ତଥାପି ସେ ଆତ୍ମବଡ଼ିମାରେ ଭ୍ରମିତ ହୁଏ ତେଣୁ ତ୍ରେତୟା ଓ ଦ୍ୱାପରର ଅବଧିରେ ସଂଘଟିତ ହୋଇଥିବା ପରିସ୍ଥିତିକୁ ସେ ବିସ୍ମରି ଦିଏ। ସେଇ ବିସ୍ମୃତି ମଧ୍ୟରେ ସେ ଶ୍ରୀକୃଷ୍ଣଙ୍କ ମାନବଲୀଳାର ମାୟାରେ ପଡ଼ି ତାଙ୍କ ପ୍ରକୃତ ସ୍ୱରୂପ ଠାରୁ ଦୂରେଇ ଯାଏ। ଶ୍ରୀକୃଷ୍ଣ ଓ ଶ୍ରୀରାଧା ସାମାଜିକ ଶାନ୍ତି-ମୈତ୍ରୀ ଓ ଆହ୍ଲାଦର ପରମ କଲ୍ୟାଣକାରୀ ଉତ୍ସ ଥିଲେ। ଯୁଗେ ଯୁଗେ ଅତୀତର ଚରିତ୍ରମାନେ ଆଧୁନିକ ସମୟରେ ମୂଲ୍ୟବୋଧର ପ୍ରତିଷ୍ଠାପକ ହୋଇଥାନ୍ତି। ସେମାନଙ୍କ ବ୍ୟକ୍ତିକ ବିଚାର ଓ ବ୍ୟକ୍ତିତ୍ୱ ଉତ୍ତରପିଢ଼ି ପାଇଁ ମାଙ୍ଗଳିକ ତଥା ନାନ୍ଦନିକ ମୂଲ୍ୟବୋଧକୁ ସ୍ଥାପନ କରେ। ତତ୍କାଳୀନ ଯୁଗୀୟ ସଂହତି, ଜୀବେଦୟାର ଭାବ, ନ୍ୟାୟିକ, ସତ୍ୟର ପ୍ରତିଷ୍ଠା, ଆନ୍ତରିକ ଉତ୍ସର୍ଗ, ଅସୀମ ମାନବ ପ୍ରେମର ଉତ୍କର୍ଷପୂର୍ଣ୍ଣ ରୂପକୁ ପ୍ରତିଷ୍ଠା କରେ 'ଲଳିତା'।

"ତ୍ରେତୟା ଯୁଗର ସେହି ସିଦ୍ଧ ମୁନି ଋଷି
ନୀଳାଭ ଶ୍ରୀରାମ ନାମ-ସ୍ମରଣରେ ମଜ୍ଜି
ପ୍ରଗଳ୍‌ଭ-ମୋହିତ ଭାବେ
ପ୍ରେମକୁ ନିବେଦି
ଶ୍ରୀରାମଙ୍କ ଅଙ୍ଗସଙ୍ଗ ଲାଭ ପାଇଁ
ଅହୋରାତ୍ର ରାମନାମ ଜପି
କରିଥିଲେ ଅଖଣ୍ଡ ତପସ୍ୟା
ମୁନି-ଋଷି-ତପିଙ୍କର ଦେଖି ବ୍ୟାକୁଳତା
ବରଦାନ ଦେଲେ ଯେ ଶ୍ରୀହରି

ଅଭିଳାଷ ପୂର୍ଣ୍ଣ ହେବା ପାଇଁ
ଦଣ୍ଡକାରଣ୍ୟର ସେହି ସାଧୁ-ସନ୍ଥ ମୁନି ଓ ମହର୍ଷି ।
ପ୍ରକୃତରେ ଦ୍ୱାପରର ଗୋପୀ ରୂପୀ ତ୍ରେତୟା ସନ୍ନ୍ୟାସୀ !
କଥାଦେଲେ - ଦ୍ୱାପରରେ ଲୀଳା ମୁଁ ରଚିବି ।
ଗୋପପୁରେ କୃଷ୍ଣହୋଇ
ଅବତାର ନେବି
ମୁନିମାନେ ବ୍ରଜବାଳୀ ଗୋପୀ ପାଲଟିବେ
ମର୍ଯ୍ୟାଦାର ରାମ ନୁହେଁ
ରସରାଜ କୃଷ୍ଣ ହୋଇ
ଦୀର୍ଘକାଳ ଲୀଳା ମୁଁ ରଚିବି ।

ଯମୁନାତଟର ସେଇ ଚଉରାଅଶୀ କୋଶେ
ବ୍ରଜଭୂମି ମଥୁରାର ପୁଣ୍ୟ-ପୂତ-ଦେଶେ
ଭାଦ୍ରବର କୃଷ୍ଣ ଅଷ୍ଟମୀରେ
ଲୀଳାମୟ କୃଷ୍ଣଙ୍କର ଜନ୍ମ ।
କଂସ ଭଳି ଦୁରାଚାରୀ ଅନାର୍ଯ୍ୟ ବିନାଶ
ଜଗତକୁ ପାପାଭାରୁ ଉଦ୍ଧାରିବା ପାଇଁ
ନେଇଥିଲେ ପ୍ରଭୁ ଏହି ଅବତାରେ ଜନ୍ମ !
ପରମ ଆକର୍ଷଣୀୟ
ରସମୟ-ଲୀଳାର ଈଶ୍ୱର
ବସୁଦେବ ସୂତ କୃଷ୍ଣ-ଦିବ୍ୟ ନୀଳାମ୍ବର !

ନାରୀ ରୂପେ ସାଧୁ ଓ ସନ୍ନ୍ୟାସୀ
କଲେ କୃଷ୍ଣ ଆଶ
ଏକମାତ୍ର କୃଷ୍ଣ ହେଲେ ପରମପୁରୁଷ
ତ୍ରେତୟାରୁ କଥା ନିଧାର୍ଯ୍ୟ, ନାରୀ ରୂପ ଧାରଣ କଲେ
ପ୍ରକୃତି-ପୁରୁଷ ସାଥେ
ସୃଜେ ନିତ୍ୟରାସ ।

ମଣ୍ଡଳାକାର ପରିବୃତ୍ତ ଏ ସଂପୂର୍ଣ୍ଣ ବ୍ରହ୍ମାଣ୍ଡ
ଷୋଳ ସହସ୍ର ଗୋପୀକା ଓ ଶ୍ରୀରାଧାଙ୍କ ସମେତ
କୃଷ୍ଣମୟ ତ୍ରିଭୁବନ
ସଂପୂର୍ଣ୍ଣ ଜଗତ !"

"**ଶ୍ରୀକୃଷ୍ଣ:** ସେ ଅଟନ୍ତି ନୀଳାଭ କସ୍ତୁରୀ
ବିନ୍ଦୁବିନ୍ଦୁ ଆଲୋକର ଚୈତ୍ତନୀୟ ବିଭା
ପଦ୍ମରାଗ କେଶର ସୁଗନ୍ଧ
ସ୍ଫୁଲିଙ୍ଗ-ସ୍ଫଟିକ ପୁଣି ତ୍ରିଗୁଣରୁ ମୁକ୍ତ !
କଞ୍ଚର ଜନ୍ମାନ୍ତରରେ
ସଂସ୍କାରର ଛନ୍ଦ, ଦେବକୀ ଗର୍ଭସମ୍ଭୂତ
ଅନନ୍ୟ ସେ ଯଶୋଦାଙ୍କ ସୁତ
ସୁବୋଧ-ଅବୋଧ
ସେ ସମ୍ମୋହ-ନିର୍ମୋହ
ପରମ ଦର୍ଶନ ସିଏ
ବାସୁଦେବ - ମହାଯୋଗୀ କୃଷ୍ଣ !

ଶ୍ରୀରାଧା: ଆଜନ୍ମା ସେ ପୂର୍ଣ୍ଣଦିବ୍ୟ ରୂପା
ଗୌରବର୍ଣ୍ଣା ଦ୍ୟୁତିମୟୀ ଶକ୍ତି
ପ୍ରକୃତିରୂପିଣୀ ସେ ଯେ, ସମ୍ମୋହର ଧାତ୍ରୀ
ପିତା ବୃଷଭାନୁ ତଥା କୀର୍ତ୍ତିଦାଙ୍କ ପୁତ୍ରୀ
ଜଗତବାସୀଙ୍କ ପାଇଁ
ସେ ଯେ ଯୋଗମାୟା
ସେ ବୃନ୍ଦା-ବେଦପ୍ରିୟା
ମଦନ ମୋହିନୀ - ଶୁଭା
ବୈଷ୍ଣବୀ - ହୃଦୟା !
ସେ ଆନନ୍ଦା - ଗୋପପୁର କନ୍ୟା
ଶ୍ରୀକୃଷ୍ଣଙ୍କ ସେ ହ୍ଲାଦିନୀ ଶକ୍ତି

ମହାଦେବୀ - ଯୋଗ ମହାମାୟା !
ଅପୂର୍ବ ପ୍ରେମ-ଭକ୍ତିର
ଅଦ୍ଭୁତ ବିଭୂତି ।"

"ପ୍ରକୃତି - ପୁରୁଷ ମଧ୍ୟେ
ନିକୁଞ୍ଜ ଲୀଳାର ସେ ଯେ ଗୁପ୍ତ-ନମ୍ରସାକ୍ଷୀ
ସହଚରୀ-ଖଣ୍ଡିତା ନାୟିକା
ଗୋପୀ ପୁଣି ଅପୂର୍ବ ଦୂତୀକା !
ଲଳିତାଙ୍କ ଜନ୍ମଦାତ୍ରୀ ଥିଲେ ଯେ ଶାରଦା,
ପିତୃଦେବ ଥିଲେ ଯେ ବିସୋବା ।
ଗୋରଚନା ଯୁକ୍ତ ତାଙ୍କ ରକ୍ତିମ ଶରୀର
ସୌନ୍ଦର୍ଯ୍ୟର ଅପରୂପ କାନ୍ତି
ଚନ୍ଦ୍ରାବଳୀ-ଶ୍ୟାମା-ଶୈବ୍ୟା-ପଦ୍ୟା
ରାଧା-ବିଶାଖା - ଆଉ ଭଦ୍ରାଙ୍କ ମଧ୍ୟରେ
ବିଶିଷ୍ଟ ଅଷ୍ଟମ ସଖୀ
ଥିଲେ ଯେ ଲଳିତା !

ସେ ଯେ ଦୂତୀ ଶ୍ରେଷ୍ଠା
ଖଣ୍ଡିତା ନାୟିକା, ନବଧାଭକ୍ତି ମଧ୍ୟରେ
ଲଳିତା ମଞ୍ଜରୀ (କିଙ୍କରୀ)
ଦାସ୍ୟ-ସଖ୍ୟ-ନିବେଦନ ନେଇ
ଲଳିତାର ପ୍ରୀତିରଙ୍ଗ
ଶ୍ରୀକୃଷ୍ଣଙ୍କ ପାଇଁ ଯେ ମଞ୍ଜିଷ୍ଠା ।"

'ଲଳିତା' - ଉଦିତ ସୂର୍ଯ୍ୟର କମ୍ର-ନମ୍ର କାନ୍ତି ବହନ କରିଥିବା ଦୈବୀ ସତ୍ତା ପୁଣି ମଧ୍ୟ ଅପ୍ରାପ୍ତି-ଅତୃପ୍ତିର ଅବସୋସକୁ ନେଇ ଜଣେ ସାଧାରଣ ମାନବୀ ସତ୍ତା ! ପ୍ରତ୍ୟେକ ମାନବ ନିଜେ ହିଁ ତ ଏହି ଉଭୟବିଧ ତତ୍ତ୍ୱଯୁକ୍ତ ସତ୍ତା । ଦିବ୍ୟତ୍ୱ ଓ ମାନବତ୍ୱ ମଧ୍ୟରେ ଉର୍ଦ୍ଧ୍ୱଗ ଚେତନା ଆଡ଼କୁ ଗତି କରୁଥିବା ବିରହ ବିଧୁର 'ଲଳିତା' ଆମେ ସବୁ ! ଏକମାତ୍ର ପରମପୁରୁଷ ହେଉଛନ୍ତି ସେଇ ଜଣେ - ଲୀଳାମୟ କୃଷ୍ଣ । 'ଲଳିତା' ପରମ ବୈଷ୍ଣବମାନଙ୍କ ହୃଦୟରେ ଅବ୍ୟକ୍ତ ବିରହ ଗଙ୍ଗାର ପ୍ରବାହ ସୃଷ୍ଟି କରୁ !

'ଲଳିତା' କବିତା ପୁସ୍ତକଟିକୁ ମୁଦ୍ରିତ ରୂପ ଦେବାରେ ମୋର ଅନୁଜପ୍ରତିମ ପ୍ରତାପ ସାହୁଙ୍କ ସହଯୋଗ ଅତୁଳନୀୟ। ଏହି ପରିପ୍ରେକ୍ଷୀରେ ମୁଁ ମୋ ଛାତ୍ରୀ ଦୀପ୍ତିମୟୀ ସାହୁ ଓ ଛାତ୍ର ଅଳଙ୍କାର ଆଚାର୍ଯ୍ୟଙ୍କ ଆନ୍ତରିକ ପ୍ରେରଣାକୁ ସ୍ମରଣ କରୁଛି। ପୁରାଣ ଏବଂ ଆଧୁନିକ ପ୍ରେକ୍ଷାପଟରେ ଲଳିତାକୁ ଚିତ୍ରରୂପ ଦେବାରେ ସ୍ୱତନ୍ତ୍ର କଳାତ୍ମକ ଦକ୍ଷତା ପ୍ରଦର୍ଶନ କରିଥିବା ଓଡ଼ିଶାର ଯଶସ୍ୱୀ ଚିତ୍ରଶିଳ୍ପୀ ତନୁଜ ମଲ୍ଲିକ ଏବଂ ପୁସ୍ତକଟିକୁ ପ୍ରକାଶନ କରିବା ନିମନ୍ତେ ସମ୍ମତି ପ୍ରଦାନ କରିଥିବା ସୁସାହିତ୍ୟିକ- ବିଶିଷ୍ଟ ପ୍ରବାସୀ କବି ତଥା 'ବ୍ଲାକ୍ ଇଗଲ୍ ବୁକ୍ସ'ର ପ୍ରାଣ-ପ୍ରତିଷ୍ଠାତା ସତ୍ୟ ପଟ୍ଟନାୟକଙ୍କ ନିକଟରେ ମୁଁ କୃତଜ୍ଞତା ଜଣାଉଛି।

- ସଂଘମିତ୍ରା ଭଞ୍ଜ

ମୁଁ ଲଳିତା

ମୁଁ ଲଳିତା
ଦୂତିକା ଲଳିତା
ପଥଧାରେ ଛଳଛଳ ଦୃଷ୍ଟି ମୋ ନିବଦ୍ଧ
ଶ୍ୟାମ ଆଗମନ ନେଇ
ପ୍ରତୀକ୍ଷିତ ମୋର ଅହୋରାତ୍ର
ଗୁପ୍ତମନ୍ତ୍ର ଜପିଜପି
ଅହରହ ଖୋଜିହୁଏ ଛବି କୃଷ୍ଣାୟିତ ।

ହେ ରାଧାମୟ ଶ୍ୟାମଳ ସୁନ୍ଦର !
ଦେଖତ ମୋ ଆତ୍ମାପକ୍ଷୀ
ପ୍ରତିକ୍ଷଣ ବିକଳ କେମନ୍ତେ
ଦେଖିବାକୁ ତୁମର ସେ ନୀଳିମ ଅସ୍ତିତ୍ୱ
ଅପେକ୍ଷାର ଶେଷ ନାହିଁ
ବିତୁଥାଏ ଦିନ, ମାସ, ବର୍ଷ
ନିଦାଘର ଶେଷ ହୁଏ
ପୃଥ୍ୱୀ ପାଏ ଶ୍ରାବଣର ସ୍ପର୍ଶ
ମୋ ଜୀବନ ଋତୁଚକ୍ରେ
ସବୁଦିନ ନିଦାଘ, ନିଦାଘ
ସମୟ ମୋ ସରେ ନାହିଁ
ମରେ ନାହିଁ ଇଚ୍ଛା, ଅବସୋସ

ସବୁଠୁ ଅନୁପମ ମୋ
ହାତର ଗଣତି
ତମକୁ ତିଳେ ହେଲେ
ନ ପାଇବା
ପ୍ରେମର ନିୟତି ପୁଣି ଶେଷ ପରିଣତି ।
ତଥାପି ମୁଁ ସହୁଥାଏ
ଦିନ-ମାସ-ବର୍ଷଙ୍କର
ଅସହଜ ସ୍ଥିତି
କେବଳ ତମରି ପାଇଁ
ବିତେ ମୋର ଛ' ଋତୁ
ବ୍ୟଥାତୁର
ଦିନ ଆଉ ରାତି !

ଛ' ଋତୁର ବ୍ୟଥା

ଏଠି ଋତୁମାନେ ତମ ଆସିବା ବାଟକୁ
ମୁହୂର୍ତ୍ତଙ୍କ ଅର୍ଗଳି ଦେଇ ଚାହିଁଥା'ନ୍ତି
ଦୂର ଦିଗ୍‌ବଳୟ ଯାଏ
ଫୁଲମାନେ ନିଜ ସୁରଭିକୁ ଛିଞ୍ଚି
ମୃଦୁମନ୍ଦ ସମୀରରେ ମହକାନ୍ତି ଚତୁର୍ଦ୍ଦିଗ ।

କିଆ-କେତକୀ-ଚମ୍ପା-ତରାଟ
କଦମ୍ବ ଓ କୃଷ୍ଣଚୂଡ଼ା
ସୁନାରୀର ଝୁଲନ୍ତା ତୋରଣ
ସବୁ ତମ ପାଇଁ ସୁସଜ୍ଜିତ ।

ପୀତବସ୍ତ୍ର ପରିହିତ ତମେ
ରଥାରୂଢ଼ ହୁଅ
ଲୀଳାୟିତ ତାରୁଣ୍ୟର ଛଟାକୁ
ଦ୍ୱିଗୁଣିତ କରୁଥାଏ
କପାଳରେ ଟିପିଟିପି
କୁଙ୍କୁମ ଚନ୍ଦ୍ରିକା ଆଉ
ଚନ୍ଦନର ଟୋପା !
ମଥାପରେ ମୟୂରପୁଚ୍ଛର ସେଇ
ଦୀପ୍ତ ବର୍ଣ୍ଣବିଭା !

ତମେ ରଥାରୂଢ଼ ଥିଲ ଶ୍ୟାମ !
ରାଜକୀୟ ମୁଦ୍ରା ତମ
ମୋହୁଥିଲା ମନ ନଗ୍ରଜନଙ୍କର !
ଲାଜକୁଳୀ ରାଧାଙ୍କର
ଅର୍ଦ୍ଧୋନ୍ମୁକ୍ତ ଅଧରରେ
ସଜ ରଂଗଣିର ଲାଲିମା !
ତମେ ଆସୁଛ କେବଳ ତାଙ୍କ ପାଇଁ ବୋଲି
ଅଭିମାନର ଦମ୍ଭ
ମୁଖମଣ୍ଡଳରେ ତାଙ୍କ
ଆତ୍ମବିଶ୍ୱାସର ଅରୁଣିମା ।

ମୁହୂର୍ତ୍ତକେ ଜଗତକୁ ଆକର୍ଷଣ କର ବୋଲି
ତମେ କୃଷ୍ଣ !
ରାହାସର ଲୀଳା ପାଇଁ
ବାରମ୍ବାର ଫେରିପାଇବାକୁ
ଋଷି-ମୁନୀ-ଯୋଗୀ-ଭୋଗୀ
ସମସ୍ତେ ସତୃଷ୍ଣ !

ସେଦିନ ମୁଁ ଗବାକ୍ଷ ସେପଟୁ
ତମକୁ ଶଂଖୋଳିବାକୁ
ସଜ ହେଉଥିଲି
ଘୁଙ୍ଗୁର-ଘଣ୍ଟ-କାହାଳୀ ଧ୍ୱନିରେ ଧରାପୃଷ୍ଠ ନିନାଦିତ
ତା ମଝିରେ ବଂଶୀ ସ୍ୱନ
କେବେ ଝମ୍ଝମ୍ ପାଦଶବ୍ଦେ
ପୁଣି କେବେ ମୋହିନୀ ବଂଶୀ ସ୍ୱନେ
ତୁମ ଆଗମନର ବାର୍ତ୍ତା ଆସୁଥିଲା
ମୁଗ୍ଧ ହୋଇ କାନ ଡେରୁଥିଲି

ଠିକ୍ ଶ୍ରୀରାଧାଙ୍କ ଭଳି କିନ୍ତୁ
ଯେବେ ମୁଁ ଅକାରଣେ ତମ ପାଇଁ ବାହୁନିଲି
ଯେବେ ମୁଁ ଅଯଥାରେ ତମେ ନଥିବା ସ୍ଥାନରେ
ପାଗଳିନୀ ପ୍ରାୟ ଖୋଜିଲି,
ସେଇଦିନ
ମୁଁ ପ୍ରେମରେ ଅଛି ବୋଲି ଜାଣିଲି !

ତମେ ଶ୍ରୀରାଧାଙ୍କ ପ୍ରାଣପ୍ରିୟ ବୋଲି ଜାଣେ
କିନ୍ତୁ ଜାଣ କି ମୋର ବି ପ୍ରିୟ ତୁମେ !
ହୁଏତ ମୋ ପରି ଅନେକଙ୍କର ବି
ସେଥିନେଇ ତିଳେମାତ୍ର ଅବସୋସ ନାହିଁ
ମୋ ଅଯୁତ ଦୁଃଖ ଭିତରୁ
ଶ୍ରେଷ୍ଠ ଦୁଃଖଟି ଏଇ ଯେ
ତମକୁ ମୁଁ ଦେଖୁଥିବି ସିନା
ସାମାନ୍ୟ ବି ଛୁଇଁ ପାରିବିନି
ତମକୁ ଭାବୁଥିବି ସିନା
ଏକାନ୍ତରେ ଥରେ କେବେ ପାଇପାରିବିନି !
ତଥାପି ଶ୍ରୀରାଧା ଓ ତମ ପାଇଁ
ମୋ ଶ୍ରଦ୍ଧା ଧ୍ୟାନ
ମୋ କର୍ମ, ମନ
ସବୁଠାର ବଡ଼ କଥା କଣ ଜାଣ ?
ତମର ମୁଁ ପରିଚିତ
ସେଥିପାଇଁ କମ୍ ଦର୍ପ କି ମୋର !

ମୁଁ ଲଳିତା !
ଅପେକ୍ଷା ମୋ ଜୀବନର ଗୀତା !
ଏପଟେ ମର୍ଯ୍ୟାଦା - ସାମାଜିକତା
ସେପଟେ ଆନମନା କରୁଥିବା
ତମର ଦିବ୍ୟତା ପୁଣି ମାନବୀୟ ସତ୍ତା !

ତମ ସଖୀ - ଶ୍ରୀ ରାଇ ଅଭିସାରିକା
ମଝିରେ ବିରହ ତାପେ ମୁଁ ଯେ ବିପ୍ରଲବ୍ଧା !

ତମ ସହ ସାକ୍ଷାତ ଆଶାରେ
ପ୍ରହରମାନେ କ୍ଷଣ ଗଣୁଥା'ନ୍ତି
କଥାଦେଇ ଆସ ନାହିଁ ଯେବେ
ଦୀର୍ଘଶ୍ୱାସ ବହି
ଲୁଚି ଲୁଚି ଅଶ୍ରୁ ଢାଳୁଥା'ନ୍ତି
ତମେ ଅମନର ଯୋଗୀ,
ତମେ ବା କାହିଁ ବୁଝିବ
ତମ ପାଇଁ କିଏ ଏଠି
ବୈରାଗୀ କି ରୋଗୀ ?

ନିଦାଘ

ଦଣ୍ଡ-ଦିନ-ମାସ ଧରି ଋତୁର ଆସର
ନିଦାଘ ପରଶେ ହୁଏ
ବିବର୍ଣ୍ଣ - ଶ୍ରୀହୀନ
ଉତ୍ତାପିତ ଭୂମିପରେ ଏ ଜୀବ ଜଗତ
ଶୀତଳ ମଳୟ ଆଶେ
ପଶୁପକ୍ଷୀ ସଭିଙ୍କର ଏଠି ସମାବେଶ
ଜାଗତିକ ତପୋବନେ ସଭିଏଁ ଏକତ୍ର
ଏ ସବୁର ସୂତ୍ରଧର ନୀଳମଣି - କୃଷ୍ଣ
ତାଙ୍କ ପାଇଁ ମୃଗ-ସିଂହ, କେକୀ-ସର୍ପ ସଭିଏଁ ସନ୍ତୁଷ୍ଟ।

ତାଙ୍କରି ସଦୟ ଭବ୍ୟ ଆଗମନ ପାଇଁ!
ତରୁବର ପୁଷ୍ପକୁଂଜୁ
ପୁଣି ପଦ୍ମକୋଷୁ
ମଳୟ ବିଞ୍ଚଇ ଆଣି
ସ୍ନିଗ୍ଧ ପୁଷ୍ପରେଣୁ - ସୁଗନ୍ଧ ସୁରଭୀ
ଚତୁଃପାର୍ଶ୍ୱେ ପଲ୍ଲବିତ ରୂପ
କଳିକାଙ୍କ ନବରଙ୍ଗ, ନବ ପରିଧାନ
ମତ୍ତ କୋକିଳର ଗାନ, ଭ୍ରମନ୍ତି ଭ୍ରମର।
ଧୀରପଦେ ସମୀର ପ୍ରବେଶେ
ଏକାନ୍ତରେ ପ୍ରୀତିସ୍ପର୍ଶ ଇଚ୍ଛି
ବଶୀକରଣକାରୀ କୃଷ୍ଣଠାରେ ମତି !
ମୁଗ୍ଧଛନ୍ଦେ ମଳୟ ଦୋଳନ
କୃଷ୍ଣମୟ ମନପ୍ରାଣ - କୃଷ୍ଣ ହିଁ ଜୀବନ।

ବର୍ଷା

ଶ୍ରାନ୍ତ-କ୍ଳାନ୍ତ ନିଦାଘର ପଦଚାରଣାରେ
ବୁନ୍ଦା ବୁନ୍ଦା ବରଷାର ଧାର
ତୃଷିତ ପୃଥିବୀ ଓଷ୍ଠେ
ସତେ ଅବା ଚୁମ୍ବନ ପ୍ରେମର !
ଉତ୍ତାପିତ ବସୁଧାର ନିଷ୍ପ୍ରଭ ପଣତେ
ଶୁଭ୍ର କରକାପାତର ଅଥୟ ପରଶ
ମନ ବଇଁଶୀ କଣ୍ଠାରେ
କୃଷ୍ଣପ୍ରୀତି ଲାଖିଥାଏ
ଶ୍ରୀରାଧାଙ୍କ ଜିଇବାର ଏକାନ୍ତ କାରଣ ।

ପ୍ରେମର ନିୟତି ପଥେ ଲଳିତା ଯେ
ସଂଯୋଗକାରିଣୀ
ମଧ୍ୟସ୍ଥତା କରୁ କରୁ
ଅକସ୍ମାତ୍ ହୃଦେ ଉଠେ
ବିରହର ଅଥୟ ରାଗିଣୀ !
ନୀଳୋତ୍ପଳ-କୃଷ୍ଣ ରୂପ
ସ୍ନିଗ୍ଧ କମନୀୟ
ସେ ଛବି ଦର୍ଶନ ମାତ୍ରେ ଅଭିଭୂତ
ଲଳିତା ହୃଦୟ !

ନିଭୃତ ଲବଙ୍ଗ କୁଞ୍ଜେ, ରାଇ ସାଥେ ବ୍ରଜେନ୍ଦ୍ରଙ୍କ ରାସ
ବଂଶୀ ସ୍ୱନେ ନୃତ୍ୟରତ ବଶୀଭୂତ ସମଗ୍ର ଜଗତ
ଲଳିତା ନିର୍ମାଣିଛି ତା'
ଶ୍ୟାମପ୍ରୀତି କୁଞ୍ଜ
କୃଷ୍ଣ ବିହୁନେ ବାହୁନେ
ଆତ୍ମା ତାର ପ୍ରାତଃ ଆଉ ସଂଜ।

ସରନ୍ତା ବର୍ଷା ଟୋପାର ଗୁମ୍‌ସୁମ୍ ରାଗରେ
ବେଦନାର ପଣତକୁ ଢାଙ୍କି
ଲଳିତା ଯେ ଚାହିଁଥାଏ ତା'ର
ଅନୁକ୍ତ ପଦମାନଙ୍କୁ ଆକାର ଦେବାକୁ
ଥିରିଥିରି ପବନ ପରଶେ
ଅନାବନା ଭାବନାକୁ ନେଇ
ଆଖି ଆଗ ଦିଗନ୍ତ ପର୍ଯ୍ୟନ୍ତ
ଯେଉଁଠି ତା'
ଦୂତୀକାର କର୍ମ ସରେ
ହେଲେ ପ୍ରତୀକ୍ଷା ସରେନା
ଆତୁରତା କିଆଁ ଏତେ ହୃଦ ତରଳାଏ
ନିଜେ ସେ ବୁଝେନା!

ଶ୍ରୀରାଧା-ଶ୍ରୀକୃଷ୍ଣଙ୍କର ପ୍ରେମମୟ
ଅନ୍ତରଙ୍ଗ ବୃତ୍ତର ମଧ୍ୟରେ
ଅସ୍ୱସ୍ତିର ପ୍ରଶ୍ନଚିହ୍ନ ଭଳି
ସମୟକୁ ଭୁଲିଯାଇ
ଚାହିଁଥାଏ ଚିରକାଳ
ଯଦିଓ ସେ ଜାଣିଥାଏ ତା' ପାଇଁ କେବେହେଲେ
ସତ ନୁହେଁ ଶ୍ୟାମଳ ସପନ।

କେହି କ'ଣ ଭାବିପାରେ
ହାତଗଣା ମୁହୂର୍ତ୍ତ କିଛିକୁ ନେଇ
ମଣିଷଟେ କାହା ଲାଗି ବଞ୍ଚିଥାଏ ?
ଓଜନିଆ ପ୍ରଶ୍ୱାସ ଭିତରେ
କକ୍ଷଚ୍ୟୁତ ଗ୍ରହ ଭଳି
ନ ଆସିବା ମଣିଷର ବାଟ ସିଏ
କିମ୍ବା ଚାହିଁଥାଏ !
ବରଷାର ବିନ୍ଦୁ ବିନ୍ଦୁ ବାରିଧାରେ
ଅବିରତ ଅଶ୍ରୁ ଢାଳୁଥାଏ !

ମୁଁ ତମ ପ୍ରତୀକ୍ଷାରେ

ହେ ନୀଳ କୁଜ୍‌ଝଟିକା !
ନିଦାଘର ସନ୍ତାପ ଏଇ ଯେ,
ତମେ ଥାଇ ମଧ୍ୟ
ତମ ସାଥେ ସାକ୍ଷାତ ନହେବା
ଯମୁନାର ନଦୀ ଧାରେ ବସି
ଉତ୍ତପ୍ତ ଦ୍ୱିପ୍ରହରେ
ଆକ୍ରୋଶରେ ଏ ଦେହକୁ
ତିଳତିଳ ଦହିବାର ନିଷ୍ଠୁରତା ନେଇ
ସେମିତି ଦୂର ଆଉ ଅନେକ ଦୂର ଯାଏ
ଜିଦ୍‌ରେ ଚାହିଁ ରହିଥିବା
ତମେ ଆସ ବା ନ ଆସକୁ
ଖାତିର୍ ନ କରି !
ନଦୀଧାରେ କଦମ୍ବ-କୁଞ୍ଜଲତାର ସଘନ ବେଷ୍ଟନୀ
କୁହୁତାନେ ଉଚ୍ଚଟିତ ଆତ୍ମା
ରାଧାଙ୍କର ଉଚ୍ଚକିତ ଖୋଜନ୍ତା ଚାହାଣି ଦେଖି
ମୋ ଆଖି ନରମିଯାଏ
ଲାଜ ଆଉ ସଂଭ୍ରମରେ
ରାଇ ଯେମିତି ନ ଜାଣିବେ ଯେ
ମୁଁ ବି ତମ ପ୍ରତୀକ୍ଷାରେ
କ୍ଷଣ ଆଉ ପ୍ରହର ଗଣୁଚି...

ମୁଁ ବି ଭିତରେ ଭିତରେ
ଛଟପଟ ଆତ୍ମାକୁ ବୁଝାଇ
ଗୋପନରେ ଲୁହ ଝରାଉଛି ।
ଆହା, ଥରେ ମାତ୍ର ତମ ମୋହନ ରୂପକୁ
ମନଭରି ଦେଖିବାକୁ
ଦେଇଥା'ନ୍ତ ଭଲା
ମାତ୍ର ଥରେ ଏ ଦୂତୀ ଲଳିତା ପାଇଁ
ଦେଇଥା'ନ୍ତ ପ୍ରୀତିଭରା ଆଖିର ଇସାରା !

ତମେ ଜାଣ
ବେଶୀ କଷ୍ଟ କେବେ ହୁଏ ?
କଷ୍ଟ ଦିଏ ଗୋଧୂଳି ଓ ସାୟାହ୍ନର ବେଳ
ତମ ଆଗମନୀର ସମ୍ଭାବନା ନେଇ
ଯେବେ ଶେଷ ହୁଏ ସେ ଶେଷତମ କ୍ଷଣ ।
ମୁଁ ଆନମନା ହୋଇ ଖୋଜିଚାଲେ ତମକୁ
କଦମ୍ବବନର ବାଟିକାକୁ ଚାଲିଆସେ
କାଳେ ତମେ ସେଠି ଥାଇପାର,
ସ୍ଥିର ଶାନ୍ତ ପୁଷ୍କରିଣୀ ଜଳେ
ଅସ୍ଥିର-ଅଥୟ ଝିଣ୍ଟିକାଙ୍କ ଖେଳ
ହଂସ-ବତକଙ୍କ ସନ୍ତରଣ
ଉପବନୁ ରହି ରହି ଡାକଇ କୋକିଳ
ମନେହୁଏ ସାୟାହ୍ନ ବି
ତମପାଇଁ ଅଧୀର, ଆକୁଳ !

ଶିଉଳିର ଆସ୍ତରଣୁ
ଉପରକୁ ଉହୁଙ୍କି ଥିବା
ଶ୍ୱେତରକ୍ତ ପଦ୍ମର କୋରକ
ତା'ପରେ ଅର୍ଦ୍ଧଶାୟିତ

ସନ୍ଧ୍ୟାଲଗ୍ନ ଛାୟା
ଅସ୍ତଗାମୀ ରବିଙ୍କର ସ୍ୱର୍ଣ୍ଣ ବର୍ଣ୍ଣବିଭା
ମୋ ଅନ୍ତର୍ମନରେ କେବେ
ରାଗ ପୁଣି ବିରାଗର ଇନ୍ଦ୍ରଧନୁ ଆଭା !

ତମ ଅନୁପସ୍ଥିତିକୁ ନେଇ
ମୁଁ ଖୁବ୍ କ୍ଷୁବ୍ଧ ହୁଏ,
ଆତୁରେ ବିଳାପ କରେ
ମୁହଁମାଡ଼ି ଭୂମିପରେ
ବିକଳରେ ଲୋଟିଯାଏ।
ତମେ ସତେ ଥାଅ କେତେ ଦୂରେ
ଯଦିଓ ଲାଗୁଥାଅ ଅଛ ନିକଟରେ !
ତମ ବିନା ମୁଁ ଖୋଜି ପାଏନି ମୋ
ବଞ୍ଚିବା ନିଦାନ
ମନେ ମନେ ଗଢ଼ିଚାଲେ କେତେ
ମୋ ଦେହରେ ତମ ସ୍ପର୍ଶ ଚିହ୍ନ !
ଜାଣି ଜାଣି ଇଚ୍ଛା କରେ
ସୀମାତିକ୍ରମଣ
ଯଦିଓ ସତ ମୁଁ ଜାଣେ
ତମ ପାଇଁ ମାନମୟୀ ରାଧାପ୍ରେମ ଶ୍ରେଷ୍ଠ ଅଭିସାର !

ଶରତ-ହେମନ୍ତ

ଶରତ - ହେମନ୍ତର ସେଦିନ ସବୁ
ତମ ବଂଶୀର ମୂର୍ଚ୍ଛନାରେ ମୂର୍ଚ୍ଛିତ
ସଂଧ୍ୟାର ସେ ମେଘିଳ ଆକାଶ
ଧୂମ୍ରାଭ କୁହୁଡ଼ିର ସେ
କୃଷ୍ଣାୟିତ ସ୍ତର ଯେ ଅଶେଷ !
କାଶତଣ୍ଡୀର ଦୋଳନ, ଥିରିଥିରି ସ୍ପର୍ଶ ଶରତର !
ତମେ ଯେ ସେ ଅନ୍ଧାରରେ
ମିଶିଥାଅ ପ୍ରତି ଜଡ଼-ଜୀବ
ପିଣ୍ଡ ବ୍ରହ୍ମାଣ୍ଡରେ
ମିଶିଥାଅ ଲଳିତାର ଉଚ୍ଛ୍ୱସିତ
ଦୀର୍ଘଶ୍ୱାସ-ପ୍ରଶ୍ୱାସ ଭିତରେ !

କେବେକେବେ ତମକୁ ନପାଇ
ବିରସରେ ଫେରିବାର କ୍ଷଣ
ତମେ ଅନୁଭବ କରିଥାନ୍ତ କି !
ତମ ପାଇଁ
ଉଦ୍‌ବିଗ୍ନ ଏ ପ୍ରାଣ
ତମେ ଥରେ ବୁଝିଥାନ୍ତ କି !

ଯେତେଥର ବିରହ-ବୈକଲ୍ୟ ନେଇ

ତମଠୁ ଫେରିଛି
ସେତେଥର ଭାବିଛି ମୁଁ
ଥରୁଟେ ଅନୁକ୍ତ ମୋ ବ୍ୟଥା ବୁଝନ୍ତ କି !
ସେ ମୁଁ ହୁଏ କି ଆଉ କେହି
ଅମାପ ଯନ୍ତ୍ରଣାର ରୁଦ୍ଧାବେଗକୁ
କେବଳ ସେ ହିଁ ତ ଜାଣେ
ମୋହ ଆଉ କୋହକୁ ଆଘାତ ମିଳିଲେ
ମଣିଷ ସତରେ କେମିତି
ହୁତୁହୁତୁ ଜଳେ !

ନିଷ୍କମ୍ପ-ନିଥର ଭାବରେ
କିଛି କହିବା ପୂର୍ବରୁ ହିଁ
ଲେଉଟନ୍ତି ମୋ ଶବ୍ଦ,
ରୁଦ୍ଧତାର ବନ୍ଧନୀରେ ସଂକୁଚିତ - ଲଜ୍ଜାବତୀ ଭଳି
ପ୍ରତିଥର କିନ୍ତୁ
ମନେ ମନେ ତେଜିଉଠେ ଆଶା
ଭିନ୍ନ ଜନ୍ମେ ସୁଯୋଗ ପାଇଲେ
ହୁଏତ ମୁଁ ବଖାଣିବି ଦୁଃଖ
ଯାବତୀୟ ବାଧା-ବନ୍ଧନ ଲଂଘନେ
ବିଦଗ୍ଧା ପ୍ରେମିକାଟେ ଭଳି !

ମୋତେ ତମେ ଦାହ କର
ଯେତେ ଦିଅ ଅପମାନ, ଘୃଣା
ତୀବ୍ର ତାଡ଼ନାରେ ମୁଇଁ
ଆନନ୍ଦିତା ଏହିପରି
ହେୟ-ହୀନ-ନଗଣ୍ୟ ହେବାରେ !

ଛ' ଋତୁ ଶେଷ ହୁଏ
ମୋ ଜୀବନ ଋତୁରେ କିନ୍ତୁ
ପ୍ରତୀକ୍ଷାର ପର୍ବ ସରେ ନାହିଁ
ରୁଦ୍ଧ କଣ୍ଠଦେଶେ
ଭାରି ଭାରି ଯନ୍ତ୍ରଣାର ଚାପ
ପ୍ରତିଟି ମୁହୂର୍ତ୍ତେ ତମରି ମନନ-ସ୍ମରଣ ଆଉ
ତୁମ ନାମ ଜପ !

ଆଖିକୋଣ ସତତ ସଜଳ
ଯମୁନାର ପ୍ରତି ଧୂଳିକଣା ଖୋଜିବୁଲେ
ପାଇବାକୁ ତମ ପଦଚିହ୍ନ
ମନେ ମନେ ଖୋଜେ ମୁଁ ତମକୁ
ପ୍ରେମିକା ସାଜିବା ପାଇଁ
ପ୍ରସ୍ତୁତ ମୁଁ ଯନ୍ତ୍ରଣାର ସାମ୍ରାଜ୍ଞୀ ହେବାକୁ !

ତମେ ସବୁ ତ ଦେଇଛ ରାଧାଙ୍କୁ
ଷୋଳ ସହସ୍ର ତମ ପ୍ରାଣାଧିକ ଗୋପୀଙ୍କୁ
ଦେଇଚ ତମ ସଂସ୍ପର୍ଶ-ସାନ୍ନିଧ
ସେମାନଙ୍କ ପାଶେ ତମେ ଅତି ବାଧ ଆଉ
ଦାସାନୁଦାସ
ତମେ ହିଁ ସେମାନଙ୍କ
କାମ-ପ୍ରେମ
ଧ୍ୟାନ ଆଉ ପୁଣ୍ୟ
ହେଲେ ହେ ମୋର ଚିନ୍ତାର ସୀମାନ୍ତ !
କୁହ କାହିଁ ମୁଁ ଏମିତି
ତମ ପାଇଁ ଏତେ ଯେ ବିବ୍ରତ
ଏତେ ମୁଁ ସଂତପ୍ତ ?
ଏ ସଂସାର ନିୟତିର ତମେ ହର୍ତ୍ତା-କର୍ତ୍ତା
ମୋ ଭାଗ୍ୟର ତମେ ବି ତ ଦଇବ-ବିଧାତା ।

ମଧୁର ସାନ୍ନିଧ ଦେଇ ଗୋପୀକାଙ୍କୁ
ମୋକ୍ଷ ଦ୍ୱାରେ ନେଲ
କୁହ ମୋତେ ମର୍ତ୍ତ୍ୟର ଏ ଅମୋକ୍ଷରେ
କାହିଁକି ଜାଳିଲ ?
ମୋ ଭାଗ୍ୟରେ ତମର ଅପ୍ରାପ୍ତି
ଚିରଦୁଃଖିନୀ କପାଳେ
ଯନ୍ତ୍ରଣାର ଦାବାନଳ ଜ୍ୱାଳା
ତାହା କି ନିୟତି !

ମୋ ପାଇଁ ଶ୍ୟାମ ହେ ତମେ
ଥାଅ ବା ନ ଥାଅ
ମୁଁ ଏମିତି ତମ ପାଇଁ ଯୁଗେ ଯୁଗେ ଥିବି
ତୁମେ ମୋର ଏକମାତ୍ର ଈପ୍‌ସିତ ପୀରତି !

ତୁମେ ଆସ୍ଥା ଆଉ ବିଶ୍ୱାସର ଋତୁ,
ଯେତେସବୁ ପୁଷ୍ପବତୀ ଋତୁଙ୍କର ସ୍ମୃତି
ତମେ - ତମକୁ ଭଲପାଇବାକୁ ପ୍ରବର୍ତ୍ତାଉଥିବା
ପ୍ରତିଟି ଇଚ୍ଛା ଆଉ ଆବେଗଙ୍କ ସେତୁ
ନିଷ୍କ୍ରିୟ ଜଡ଼ତାରୁ ମୁକ୍ତି ଦେଇ
ମୋ ମୁହୂର୍ତ୍ତ-ମୁହୂର୍ତ୍ତଙ୍କୁ
ସଂଜୀବିତ କରୁଥିବା ଲାବଣ୍ୟର ହେତୁ !

ବାହୁଡ଼ି ନଇଲା

ମୁଁ ଭୋଗିଥିବା ବିରହର କ୍ଷଣ ଆଉ
ପ୍ରହରଙ୍କ ସଂପର୍କରେ
ତମକୁ କହିଲେ ତମେ କ'ଣ ବିଶ୍ୱାସ କରିବ ?
ଏକାନ୍ତ ଅସହାୟତାରେ କେମିତି ମୁଁ
ଗୋଧୂଳି ବେଳାରେ ଚାହିଁଥାଏ
ତୁମ ଫେରନ୍ତା ପଥକୁ
ଉପବନର ଉହାଡ଼ରୁ
ମାଡ଼ି ଆସୁଥିବା ନିରବ ସଂଜର
କୃଷ୍ଣବର୍ଣ୍ଣୀ ଆସ୍ତରଣ
ଉପବନୁ ଅଶୋକ-ବିଲ୍ୱ-ଅଁଳା-ଆମ୍ରବନର
ଝରୁଥିବା ସନ୍‌ସନ୍ ଶବ୍ଦ ।

ଗୋପକୁ ତମର କେବେ ନ ଫେରିବା
ସତ୍ୟକୁ ସୂଚାଏ
ଥରେ ନୁହେଁ ବାରମ୍ବାର
ଆଖି ମୋର ଯାଏ ପୁଣି ଫେରୁଥାଏ
ଯଦିଓ ମୁଁ ଜାଣିଥାଏ
ତମ ନ ଆସିବା ସତ
ତଥାପି ଏ ଆଖି ସତେ
କାହିଁ ଖୋଜିହୁଏ

ଅଦ୍ଭୁତ ଜିଦ୍‌ରେ, ଅଭିମାନେ ଫୁଲିଫୁଲି
କୋହ - ନଈ ହୁଏ
ପରକ୍ଷଣେ ଛାତିର ହୃତ୍‌ସ୍ପନ୍ଦନ ତୋଳିଦିଏ
ହୃଦୟେ ପୁଲକ
ମୋର ହୋଇ ଥାଅ ବା ନଥାଅ
ଅଛ ତ !

ମନରେ ଆହ୍ଲାଦ
କେଉଁଠି ନା କେଉଁଠି
ମୋ ପାଇଁ ନଥିଲେ ବି
ଗୋପୀଙ୍କ ସଂଗତରେ ଅଛ ବୋଲି !
ଆଉ ମୁଁ ତମକୁ ନିକଟରୁ ଜାଣେ ବୋଲି !

ମୋ ପ୍ରେମକୁ ବୁଝେଇବାକୁ
ଗୋଟି ଗୋଟି ଅଶ୍ରୁଭିଜା ଶବ୍ଦ ଯାହା ମୋର
ଅଛନ୍ତି ମୋ ପାଶେ
ଯାହା ତମ ହୃଦୟକୁ ସାମାନ୍ୟ ନଛୁଇଁ
ବାରମ୍ବାର ଫେରନ୍ତି ନିରାଶେ
ତମେ ତ ଶବ୍ଦାତୀତ-ଭାବାତୀତ ଏମିତିକି ସମୟାତୀତ ବି
ସମସ୍ତ ଆବେଗ ଊର୍ଦ୍ଧ୍ୱରେ
ଏମିତିକି ପ୍ରେମ ଊର୍ଦ୍ଧ୍ୱରେ ବି !

ବେଳେବେଳେ ମନେହୁଏ
ନିରୀହ ଆନ୍ତରିକତାରୁ
ଜୀବନ ଅନ୍ତରୀକ୍ଷର ପଥ
ତମେ ଥାଇ ମଧ୍ୟ କୋଉଠି ନଥାଅ
ତମ ହାସ, ବାସ, ରାସ
ତମ ବଂଶୀ-ମଧୁମାସ
ଯୋଗାଚାରୀ ଭଳି ତମେ ଥାଅ ସଂପୂର୍ଣ୍ଣ ଧ୍ୟାନସ୍ଥ !

ତମେ ବା କଣ ଜାଣିବ
ମୋ ମନରେ ତମ ସତ୍ତା ସତେ କେତେ ବ୍ୟାପ୍ତ !

ମୋର ଆପାଦମସ୍ତକ
ମୋର ଆତ୍ମା ସ୍ତର ଭେଦି
ଅବା ମହାକୋଷ ଭେଦି
ସର୍ବତ୍ର କେବଳ
ତମେ ଆଉ ତମେ ପରିବ୍ୟାପ୍ତ !
ତମ ଲୀଳା ଓ ଖେଳାର
ଏଇତ ସାରାଂଶ ।

ସବୁ ଜାଣି ନ ଜାଣିବାର ଛଳନା
ତମକୁ ଦଗାଦିଆ-ଲମ୍ପଟର ଶିରପା
ପିନ୍ଧାଉ ପଛେ
ତମେ ଯେ ସେମିତି ଲୀଳା ରଚୁଥାଅ
ଅନାସକ୍ତ ଭାବେ ଥାଇ
ମୋ ପ୍ରେମକୁ ଅତିକ୍ରମୁଥାଅ ।

ସମୟ ଯଦି କେବେ ପଛକୁ ଫେରି
ମୋର ଏମିତି ତମପାଇଁ
ପ୍ରେମରେ ଉଛୁଳି
ଖୋଜି ଖୋଜି ଫେରିବାର
ସତ୍ୟତାକୁ ଖୋଜେ
ଯମୁନାର ସେଇ ଘାଟ ଦେଶେ
କଦମ୍ବ ଓ ଗହନ ମଧୁଲତାର
ନିବୁଜ ଉପବନେ
ମୋ ଆତ୍ମାର କ୍ରନ୍ଦନ
ଥିରିଥିରି ତରଙ୍ଗ ତୋଳିବା ଅନୁଭବିବ ।

ନିଶ୍ଚୟ ନିରବରେ ସେ
କହିଯିବ ମୋ ସଂପର୍କରେ
ମୋର ଏମିତି
ଦିନ-ରାତି ଉଚ୍ଚକିତ ହୋଇ
ପୁଣି ନିଜ ଭିତରେ ନିଜ ଉଚ୍ଛ୍ୱାସର
ପିଠି ଥାପୁଡ଼େଇ
ଭାଙ୍ଗିରୁଜି ଯାଇଥିବା
ଆବେଗର ଠିକଣା ଖୋଜିବା
ସବୁ ବଖାଣିବ ।

ଶୁଣ ଯୋଗେଶ୍ୱର
ତମେ ବି ହୁଏତ
ଯୁଗଯୁଗାନ୍ତର ପରେ ଲଳିତାର
ସାନ୍ନିଧ୍ୟ ଲୋଡ଼ିବ !

ତମେ ଯେବେ ଫେରିଲନି

ଶେଷକୁ ଅପେକ୍ଷା କରି
ଶ୍ରୀରାଧାଙ୍କୁ ଦୂର ଦିଗ୍‌ବଳୟ ଯାଏ
ଅପଲକେ ଚାହିଁବା ଦେଖିଛି
ଆଖିତଳେ ସମୟର ଦାଗ
ମୁହଁରେ ଧୂସରିଆ ଆହତ ପ୍ରତ୍ୟୟ
ସଂକୁଚିତ ଆବେଗ ଓ ପ୍ରୀତି !
ମୁଖ ତାଙ୍କ ପାଣ୍ଡୁର-ବିବର୍ଣ୍ଣ
ଅଦୂରରୁ ସାମାନ୍ୟ ଶବ୍ଦ ଶୁଣିଲେ
ମୁଖପରେ ଭାସିଉଠେ
ଅଙ୍କାବଙ୍କା ରେଖା
ପରକ୍ଷଣେ ସଂକୋଚନ
ହୁଏ ଶେଷ ସବୁ ଭାବନାର
କିଛି ଉଷ୍ଣ ଦୀର୍ଘଶ୍ୱାସ
ତମେ ଆଉ କେବେ ଫେରିବନି ବୋଲି
ହୁଏତ ପାଇଥିବେ ସେ
ଆଗୁଆ ଆଭାସ !

ମୁଁ ବି ସମୟ ଓ ଜୀବନକୁ
ସୁଯୋଗ ଦେଇଛି
ନିଭୃତ ପ୍ରେମକୁ ଅଧାବାଟୁ ବାଟେଇ ଦେଇଚି
ସେମାନେ କିନ୍ତୁ ଯେମିତି
ସେଇ ଅବାଟରେ ରହିବାର

ସଂକଳ୍ପରେ ଅଟଳ ରହିଥା'ନ୍ତି
ମୁଁ ଯେତେ ଯେତେ ମୁକ୍ତି ଖୋଜେ
ସେତେ ସେତେ ସମ୍ମୋହନେ
ଜଡ଼େଇ ଧରନ୍ତି
ତା' ପାଇଁ ତମ ଆଖି – ତମ ମୁହଁ ଦାୟୀ
ଅନ୍ଧାରରେ ମୁଁ ଛାତି ପିଟି
ତମ ଅରୂପକୁ ରୂପ ଦେଇ
ଜାବୁଡ଼ି ଖୋଜିଛି, ହାୟ କେତେ ନ କାନ୍ଦିଛି !

ସତ କଥା ଏଇ ଯେ
ମୋ ପାଇଁ ସହଜ ଥିଲା ତମ
ପ୍ରୀତିକୁ ପାଳିବା
ସାରା ଜଗତକୁ ଜଣା ଥିଲା ଯଦିଓ
ତମେ ରାଧାଙ୍କର
ରାଧା ବି ତମର
ଦୂତୀକା କି କେବେ
ହୁଏ ତା' ପ୍ରଭୁର ?

ମଞ୍ଜିଷ୍ଠାର ରଙ୍ଗପରି ତମ ପ୍ରେମ
ଆତ୍ମାକୁ ଚିତ୍ରିତ କରେ
କ୍ଷଣ–ଅନୁକ୍ଷଣ
ତମ ନାମ ଶ୍ରବଣରେ
ପୁଲକିତ ହୁଏ ତନୁମନ
ଚକ୍ଷୁଧାରୁ ଛୁଟିଚାଲେ ଅଶ୍ରୁଧାର
କଠିନ ଏ ପ୍ରେମ ମହାଯୋଗ !
କୁହ ଘନଶ୍ୟାମ
ବଂଶୀ ସ୍ୱନ ଛନ୍ଦେ ପଡ଼ି
ଦୁର୍ବିସହ ଯାତନା ଭୋଗିବି
ଆଉ କେତେ ଦିନ ?

ନିରବିତ ବିଳାପ

ଯମୁନା ତୀରର ଏ ବ୍ରଜ
ଏବଂ ତାର ପ୍ରତିଟି ମୁହୂର୍ତ୍ତ
ସନ୍ଧ୍ୟାରୁ ନିଶାର୍ଦ୍ଧ ପୁଣି
ନିଶାର୍ଦ୍ଧରୁ ପାହାନ୍ତିର ଶେଷ
ଅଦୂରର ଉପବନୁ
ଆମ୍ର-ତାଳ-ନାରିକେଳର
ସୋରି ସୋରି ପତ୍ରଫାଙ୍କ ଦେଇ
ଶୁଭୁଥାଏ ଅବୋଧ ମର୍ମର
ସିରିସିରି ହେମାଳ ପବନ ପରଶେ
ନିରବତା ହୋଇଉଠେ ଆହୁରି ଯେ ହୃଦ୍ୟ
କୁହ, ମୋଠୁ ଅଧିକ କିଏ
କରେ ଅନୁଭବ ?

ତନ୍ଦ୍ରାହୀନ ଉନ୍ନିଦ୍ର ରାତିରେ
ମୁଁ ଦେଖିଛି ନବତନ୍ୱୀ
କଳିକାଙ୍କ ପ୍ରସ୍ତ ଉନ୍ମୋଚନ
ପୁଷ୍ପବତୀ ଲତିକାଙ୍କ ଅଭିସାର
ସ୍ୱପ୍ନ ଆଉ ଅଭିଳାଷ
କେବେ ଫଗୁଣରେ ପୁଣି

କେବେ ବୈଶାଖରେ
କେବେ ମଧ୍ୟରାତ୍ରି ପୁଣି
କେବେ ପାହାନ୍ତିରେ ।

ତୁମ ପାଇଁ ରାଈଙ୍କ ବିଳାପ
ଅବରୁଦ୍ଧ କୋହ
ଦହନ କରେ ମୋର ହୃଦ
ଏବଂ ସେ ବିଳାପ ସାଙ୍ଗରେ
କେବେକେବେ ମୁଁ ବି ବାହୁନେ
ମୁଁ ବିଳପୁଚି ବୋଲି ସେବେ ଯାଇ
ଅନୁଭବ କରେ
ଯେବେ ମୋ କଣ୍ଠଦେଶ ଅସମ୍ଭବ ଦରଜରେ
ଫୁଲିଉଠୁଥାଏ,
ଶବ୍ଦ ସ୍ଫୁରେ ନାହିଁ
ମୁହୁର୍ମୁହୁଃ କୋହ ଉଠି
କାନ୍ଦ କାନ୍ଦ ଲାଗେ
ଉଠିବସି ନିଶାନ୍ତରେ
ମୁଁ ଚାହିଁଥାଏ
ଅନ୍ଧାରରେ ଫିକା ଫିକା ଦିଶୁଥିବା
ଯମୁନାର ଅନିର୍ଦ୍ଦିଷ୍ଟ କୂଳ ଯାଏ
ମନକୁ ମୋ ଆଶ୍ୱାସନା ଦିଏ,
ଅନ୍ଧାର ଭିତରେ ଥାଇ
ତମେ ବି ହୁଏ ତ
ଛଟପଟ ହେଉଥିବ
ଆସିବାକୁ ମୋ ଯାଏ
ତମ ହୃଦୟରେ ବି
ମୋ ମନସ୍ତାପ
ପ୍ରତିକ୍ରିୟା ସୃଷ୍ଟି କରୁଥିବ ।

ସେମିତି ହୁଏନି କିନ୍ତୁ
ତମେ ଆସ ନାହିଁ !
ଅଦୃଶ୍ୟରେ ଫେରେ ମୋର
ଉଷ୍ମ ଦୀର୍ଘଶ୍ୱାସ !
ଫେରିଆସେ ମୋ ପାଖକୁ ପୁଣି କୋହୋଚ୍ଛ୍ୱାସ ।

ମୋ ପ୍ରେମ

"ମଣିଷ ଯେତେବେଳେ କହେ
ବଞ୍ଚିବାକୁ ଇଚ୍ଛା ନାହିଁ
ପ୍ରକୃତରେ ସେ ସତ କହୁଥାଏ ।
କାହିଁକି ଜାଣ ?
ଏ ସଂସାରରେ
ବଞ୍ଚିବାର ଇଚ୍ଛା ବେଳେ ବେଳେ ସ୍ୱତଃ ମରିଯାଏ ।"
ତମ କଥା ଯେବେ ମନେପଡ଼େ
ଶ୍ରୀରାଧା ଏମିତି କହନ୍ତି
ଅଧୀର ହୁଅଇ ଆତ୍ମା
ଆଉ ସେ ବିକଳ ହୁଅନ୍ତି ।
ପ୍ରେମ ତ ଏଇଆ
ଯାହାକୁ ଭାବିବା ମାତ୍ରେ
ମନ-ପ୍ରାଣ-ଆତ୍ମା ପୂରିଉଠେ
ହୃଦୟର ଅନୁକୋଣ
ଅକାରଣ ଆହ୍ଲାଦରେ
ପୂରି ଉଠେ ଅଳିନ୍ଦ ନିଳୟ ।
ମୋ କଥା ପଚାରୁଚ ?
ତମେ ଯେବେ ମନେପଡ଼
କାହିଁକି କୁହ
ଅସରନ୍ତି ଅଶ୍ରୁଧାର ଝରେ

ଅବସାଦ ଜର୍ଜରିତ କ୍ଷୋଭ ନେଇ
ଝୁରି ଝୁରି କେତେ ହାୟ ତୋଳେ !
ହେ ନୀଳୋତ୍ପଳ !
ପ୍ରାର୍ଥ୍ୟାମାନା ଗୋପୀ
ମୋ ଭଳି ଅଷ୍ଟ ମହାଦୂତୀ
ଅହରହ ତମକୁ ଜପନ୍ତି !

ପ୍ରେମ କେବେ କାହାରିକୁ ନଷ୍ଟ କରେ ନାହିଁ
ଅପ୍ରାପ୍ତିରେ ଅତି ଯେ ମହାର୍ଘ
ବିଚ୍ଛେଦରେ ହୁଏ ଜଣେ
ନିଜଠାରୁ ନିଜେ ନିରୁଦ୍ଦିଷ୍ଟ
ତୁମେ ତ ମୋ ଆତ୍ମାପୁରୁଷ
ତୁମେ ମୋର ସଖା
ଶେଷ ଉଚ୍ଚାରଣ ତୁମେ
ମୁଁ ତୁମ ଦୀକ୍ଷିତ
ଅନ୍ତିମ ଜୀବନକାଳେ
ଚାହେଁ ଥରେ ତୁମର ମୁଁ ଅଦୃଶ୍ୟ ସାକ୍ଷାତ ।

ହେ କାନ୍ତିପୁରୁଷ !
ତମ ପ୍ରେମରେ ଯେ ନାହିଁ
ଯେ ତମ ନାମ ଗାଏ ନାହିଁ
ବୃଥା ତା'ର ଜନ୍ମ
ବୃଥା ତା'ର କର୍ମ
ଅସମ୍ଭବ ପାର ହେବା
ଜନ୍ମାନ୍ତର ବର୍ତ୍ମ !

ତମ ପାଇଁ ମୁଁ ବିଶେଷ

ସବୁ ରଙ୍ଗର ମିଶ୍ରରାଗ ତୁମେ
ଘନନୀଳ ଶ୍ୟାମଳିତ
କୋଟି କୋଟି ନକ୍ଷତ୍ରଙ୍କ ଉଦ୍‌ଭାସ
ଭୂମିରୁ ଭୂମା
ଭୂମାରୁ ଅପହଞ୍ଚ ଗୋଲୋକ ପର୍ଯ୍ୟନ୍ତ
ଭୂଲୋକର ଧୂଳି, ମାଟି, ଗଛଲତା
ନଦୀ ଓ ସାଗର
ଆକାଶର ଆଦ୍ୟ-ମଧ୍ୟ-ଅନ୍ତିମ ସୀମାନ୍ତ
ତମେ ଆଉ ତମେ
ସ୍ୱୟଂ ହିଁ ଗୋଲୋକ ।
ଷୋଳକଳା ନେଇ ପୂର୍ଣ୍ଣବ୍ରହ୍ମ
ରୂପରୁ ଅରୂପ
ସୀମାରୁ ଅସୀମ
ବୈଷ୍ଣବର ପ୍ରିୟ ବାସୁଦେବ
ଗୋପୀକାଙ୍କ କୃଷ୍ଣ
ଜଗତର ଜଗନ୍ନାଥ
ଅନନ୍ତ କୋଟି ନାୟକ
ଦାରୁବ୍ରହ୍ମେ ମୂର୍ତ୍ତ !

ତମେ ସେମିତି
ଯୋଜନ ଯୋଜନ ଦୂରରେ ଥାଅ !
ପ୍ରେମର ଦଧିନଉତିକୁ
ଏକା ଏକା ମୋତେ
ଶେଷ ସ୍ପର୍ଶ ଦେବା ପାଇଁ ଦିଅ ।
କାହିଁକି ନା ଆରମ୍ଭରୁ ଶେଷ ଯାଏ
ମୁଁ ହିଁ ଉଚ୍ଚକିତ ତମ ପାଇଁ
ମୁଁ ଯାହା ଆକାଶରେ ବିନ୍ଦୁମାନଙ୍କୁ
ଆକାର ଦେଇଚି ଶେଷ ବିନ୍ଦୁ ଅଶ୍ରୁପାତ ଯାଏ
ତମେ ଜାଣ
ସାଧାରଣ ବ୍ୟକ୍ତିଟିଏ
କେତେବେଳେ ଅକସ୍ମାତ
ଅସାଧାରଣ ପାଲଟେ ?
ନ୍ୟୂନ ମଣିଷଟେ କେବେ
ସମୟର ଅଜାଣତେ
ହଠାତ୍ ଦିନେ ଦିବ୍ୟସ୍ନାନ ହୁଏ
ଯେବେ ତା'ର ନିଜ ସ୍ତରଠାରୁ
ଊର୍ଦ୍ଧ୍ୱାୟିତ ହୋଇ
ମହତ୍ତର କିଛି ପାଇଁ ଉନ୍ମୁଖ ସେ ହୁଏ ।

ଯେବେ ସେ ନିଜର
ପ୍ରାରବ୍ଧର ନ୍ୟୂନତାକୁ ଡେଇଁ
ବିରାଟ ସତ୍ତାଟେ ପାଇଁ
ମୋହାତୁର ହୁଏ
କି ଚାଷୀ - ସନ୍ନ୍ୟାସୀ
କି ତପୀ - ବିଳାସୀ
ଯେ କେହି ବି ଯଦି କିଛି
ବିରାଟକୁ ଖୋଜେ

ବିଶ୍ୱାୟିତ ପ୍ରକୃତିକୁ
ପାଖକୁ ଆକର୍ଷେ
ନିଜ ଅଜାଣତେ, ସେ ବିଶେଷ ହୋଇଯାଏ
ଏ ପରିବର୍ତ୍ତନ ପାଣି-ପବନକୁ
କିମ୍ବା ସୂର୍ଯ୍ୟ-ଚନ୍ଦ୍ରଙ୍କୁ ଜ୍ଞାତ ନ ଥାଏ...
ଭିତରେ ଭିତରେ
ଗଭୀରରୁ ଗଭୀରତମ
ଭେଦିଯାଏ ପ୍ରେମ
ଆକାଶକୁ ଉଡ଼ିଯାଏ
ଊର୍ଦ୍ଧ୍ୱଗ ଚେତନା
କେବଳ ମୁଁ ନୁହେଁ, ମୋ ଭଳି ଯେକେହି ବି
କୃଷ୍ଣାୟିତ ହେବାପରେ
ସେମିତି ହିଁ ହୁଏ
ଯେମିତି ମୁଁ ସଖା
ତମରି ପ୍ରେମରେ ପଡ଼ିଲି
ମୁଁ ଛାର ଲଳିତା ଅଷ୍ଟସଖୀ ମଧ୍ୟ
ସତେ କେତେ ମହାନ୍ ହେଇଗଲି !

ସମସ୍ତଙ୍କୁ ମୋହାଚ୍ଛନ୍ନ କରି
ଯେତେଥର ମହାରାସ ଛାଡ଼ି ତମେ
ଅଦୃଶ୍ୟ ହୋଇଛ
ମୁଁ ଖୁବ୍ ଗୋପନରେ
ପୁଣି ଏକାନ୍ତରେ ତମର ସେ ଯିବାକୁ ଦେଖିଛି
ତମ ପାଦଚିହ୍ନପରେ ପାଦଥାପି
ପହଞ୍ଚିଛି ଯେବେ ସେହି
ଗନ୍ତବ୍ୟ ସ୍ଥଳରେ
ସେଇଠି ତମେ ଅପୌରୁଷେୟ
ସେଇଠି ତମେ ଅବାଙ୍ ମାନସ ଗୋଚର !
ସେଇଠି ତମେ ପାଲଟ ପ୍ରଣବ-ଓଁକାର ।

ଗୋପରେ ବ୍ରଜରେ
ସବୁଠାରେ ତମ କଥା
ତମ ମୋହନୀ ବଂଶୀର ଧ୍ୱନି
ଜୀବ-ଜଡ଼-ପ୍ରକୃତିକୁ
ଏମିତିକି ସମୀରଣ ଅବା ଋତୁକୁ
ଭୂଲୋକରୁ ମହାକାଶଯାଏ
ସମସ୍ତଙ୍କୁ ତମେ
ବଶୀଭୂତ କରିଥିବା ପ୍ରସଙ୍ଗର ଚର୍ଚ୍ଚା
ସେମିତି ଅଲୌକିକ - ପାରତ୍ରିକ
ଇହକାଳ-ପରକାଳରେ ବି
ତମ ଦର୍ଶନ ଓ ତମ ସାନ୍ନିଧ୍ୟରେ
ଜୀବାତ୍ମାର ମୁକ୍ତି-ମହାକାଂକ୍ଷା !

ଶେଷକୁ ପଦେ

ମୋ ଆବେଗର ଆବର୍ତ୍ତରେ
ନିଜେ ହିଁ ଅଥର୍ବ
ହୋଇଯାଆନ୍ତି ମୋ ଭାବ ଅନୁଭବ
ତମ ପାଇଁ
ମର୍ଯ୍ୟାଦା ଲଂଘିବାକୁ
ଦିଅନ୍ତିନି କି ଉଦ୍‌ଗତ ଭାବକୁ
ଶବ୍ଦର ଫୁଆର ସଜାଇ
ତମଠାରେ
ଅଜାଡ଼ି ହେବାକୁ ସୁଯୋଗ ପାଆନ୍ତିନି
ଅଧାରାସ୍ତାରୁ ହିଁ ନିରବି ଯା'ନ୍ତି ସେମାନେ
ଲଜ୍ଜା-ଭୟ-ସଂକୋଚରେ
କେବେ ଅଭିମାନ ଆଉ
ଫୁଲି ଉଠୁଥିବା କାନ୍ଦକୁ
ଚାପିବା ଚେଷ୍ଟାରେ
ଦାସୀର କଥା କି କେବେ ପହଞ୍ଚେ
ପ୍ରଭୁ ନିକଟରେ ?

କେବେକେବେ କିନ୍ତୁ ମନେହୁଏ
ତମେ ମୋର କଥାକୁ
ଅପେକ୍ଷା କରିଛ ଯେମିତି !

ସେ ଅନୁଭବ ହୁଏତ ମୋର
ଭ୍ରମ ହୋଇପାରେ !
କେବେକେବେ ତମ
ମୟୂର ଚନ୍ଦ୍ରିକାର
ବିବିଧ ବର୍ଣ୍ଣରେ
ବିଲୀନ ମୋ ସତ୍ତା
ଖୋଜୁଥିବା ଅସ୍ତିତ୍ୱର ଦ୍ୱାହି ଦେଇ
ତମ ଚିନ୍ତନ-ମନନ
ସ୍ମରଣ-ଦର୍ଶନରୁ
ମୁକ୍ତି ଖୋଜୁଥାଏ !
କି ଅଦ୍ଭୁତ ସତେ ନା
ଯାହାଠାରେ ପ୍ରେମ
ତା'ଠାରୁ ପଳାୟନର ଅଦ୍ଭୁତ ଛଳନା
ଦୂରେ ଗଲେ
ଫେରି ପାଇବାକୁ ପୁଣି
ନିରବରେ ଏକାନ୍ତ ପ୍ରାର୍ଥନା !
ସତରେ ଏ ପ୍ରେମ ଲଳିତାର ନିୟତିରେ
ମଧୁମୟ ଦିବ୍ୟ-ବିଡ଼ମ୍ବନା !

ଲଳିତାର ନିବେଦନ

ତମକୁ ସାକ୍ଷ୍ୟ ଦେଲି ସୃଷ୍ଟିସାରକାନ୍ତି !
ମୋ ସଂଗୁପ୍ତ - ଅବ୍ୟକ୍ତ
ଭାବକୁ ବି ଦେଲି !
ଉତ୍ତର ଦେଲ, ସୁକୃତ ଥିଲେ କ'ଣ ଭେଟ ହୁଏ ?
ଆଉ ବିନା ଆମନ୍ତ୍ରଣରେ
ଅନୁଗତ ଭଳି
ଜଣକ ପଛରେ କ'ଣ ଧାଇଁ ହୁଏ ?
କାହା ଆଖି ଇସାରାକୁ
ଯନ୍ତ୍ରବତ ଅନୁସରି
ସବୁକଥା ସତେ ବୁଝିହୁଏ ?
ବିନା ସଂପର୍କରେ
ଜନ୍ମାନ୍ତରର ସ୍ୱପ୍ନ ନେଇ
ପ୍ରତିଶ୍ରୁତିରେ ରହିହୁଏ ?
କି ପ୍ରକାର ମୋହନ ବଂଶୀ ସେ
କି ପ୍ରକାର ନିମନ୍ତ୍ରଣ !
ଅଦ୍ଭୁତ ଆବେଶରେ
ଆଖି ତିନ୍ତିଯାଏ
ରହି ରହି କୋହ ଉଠେ
ସବୁଠାରେ ଖୋଜି ହେଉଥାଏ
କାହିଁକି ?

ଯଦିଓ ଜାଣନ୍ତି ସମସ୍ତେ
ତମେ ଜଣଙ୍କର ନୁହଁ
ଷୋଳସହସ୍ର ଗୋପାଙ୍ଗନାଙ୍କର ।
ଏ ଦୂତୀ ଲଳିତା କିନ୍ତୁ
ଦୂରୁ କରେ ଦାସ୍ୟ ନିବେଦନ
ପୁଣି ମଧ୍ୟ ତୁମକୁ ଦେଖି ନଦେଖିବା ପରି
ଏ ଲଳିତା କରୁଥାଏ
ପ୍ରେମ ନିବେଦନ ।

ନିଷ୍ଠୁର ସତ୍ୟ

ତମ ରୂପ - ତମ କଥା
ତମ ବେଣୁ - ତମ ପଦରେଣୁ
ସବୁଠି ତମେ ଆଉ ତମେ
ସେଇ ଯା' ଦୂରରୁ ଦେଖେ
ସେଇ ଯା' ହାତ ବଢ଼ାଏ
ତମେ ଅସ୍ପର୍ଶ୍ୟ - ଅପହଞ୍ଚ !

ଦି' ହାତକୁ ପ୍ରସାରିତ କରି ତମ ମୁହଁ - ଆଖିକୁ
ଛୁଇଁଲା ବେଳକୁ
ମନେହୁଏ
ହଠାତ୍ ବିସ୍ତାରିତ ହେଇଯାଅ ତମେ
ସହସ୍ର ସହସ୍ର ବିଚ୍ଛୁରିତ ରଶ୍ମିର ତେଜ ଯେମିତି
ମୋ ହାତକୁ ଠେଲିଦିଅନ୍ତି
ଯୋଜନ ଦୂରକୁ

ମୋ ହାତରେ ଥିବା
ତମ ପାଇଁ ମହମହ ସଜଫୁଟା ବ୍ରଜମଲ୍ଲୀ
ଚୁନା ଚୁନା ମରୁଆର ସୁଲମ୍ବ ଗଜରା
କ୍ଷଣକରେ ମେଞ୍ଚି ହୋଇ
ଅବାଞ୍ଛିତ ଶୁଷ୍କ ମନେହୁଏ

କେବେ କ'ଣ ତମେ ବୁଝିଚ
ମଣିଷ କାନ୍ଦେ କାହିଁକି ?
ତା'ର ସେଇ ଲବଣାକ୍ତ ଲୁହ ଟୋପାରେ
ଥାଏ କ'ଣ ?
ଯାହା ଆଉଟୁ ପାଉଟୁ ହୋଇ
ଝରିପଡ଼େ
ହୁଏତ ସେ ଅଶ୍ରୁ ନିରବ ପ୍ରେମର
ନିର୍ଲଜ୍ଜ ଅନୁନୟର
ଆବେଦନ ହୋଇପାରେ
ତମକୁ ଘେରିଥିବା ବିଶେଷଙ୍କ ମଧ୍ୟରୁ
ଜଣେ ହେବା ପାଇଁ !
ମୁଁ ଯେଉଁ ରାହାଧରି
ଛାତିପିଟି କାନ୍ଦେ
କ'ଣ ଖାଲି ଜିଦ୍‌ରେ ନା
ବିକଳ ଭାବରେ
ମୁଁ ତମର କେହି ନୁହେଁ ବୋଲି
ଅନୁଭବର କ୍ଷୋଭରେ ନା
ଅପ୍ରକାଶ୍ୟ ଅସହାୟତାରେ !

ତମ ପାଇଁ ଝୁରିବା
ଝୁରି ଝୁରି ସ୍ତବ୍ଧ ହେବା
ତମକୁ କ୍ଷଣିକ ପାଇଁ ବି
ସାମାନ୍ୟ ନପାଇବା
ସେତିକି ତ କୃତକର୍ମର ବେଭାର
ତମକୁ କେବେ ନ ପାଇବାର
ନିଷ୍ଠୁର ଏ ସତ୍ୟ
ସର୍ବଶେଷ ପ୍ରେମର ସମ୍ଭାର !

ନିଧିବନେ ଶ୍ରୀରାଧା ଓ ତମେ

ଶ୍ରୀରାଧାଙ୍କୁ ତମ ଜିମା ଛାଡ଼ି
ନିଧିବନ୍‌ରୁ ପ୍ରତ୍ୟାବର୍ତ୍ତନର
ସେ ଅସହାୟ ସ୍ଥିତିକୁ
ଶବ୍ଦରେ କ'ଣ ବୁଝେଇ ପାରିବି ?
ମୁଁ ସତ କହୁଛି-
ତମେ ଯେବେ ଶ୍ରୀରାଧାଙ୍କ ଆଡ଼େ
ଏକ ଲୟରେ ଚାହିଁଥାଅ
ତମେ ଯେବେ ଗଭୀର ପ୍ରେମରେ
ଗଭାରେ ତାଙ୍କର ତମାଳକୁ ଗୁଞ୍ଜିଦେଇ
ବଂଶୀର ତାନ ତୋଳ
ସତେ କି ଯେମିତି
ସମୟ ଥମିଯାଏ
ଝିରିଝିରି ପବନର ତରଙ୍ଗରେ
ବଣଫୁଲର ସେ ଭୁରୁଭୁରୁ ଗନ୍ଧ
ସତେଅବା ରାସ ପାଇଁ ପୃଥିବୀକୁ
ସୁସଜ୍ଜିତ କରେ ।

ସେଇ ଯେ ଦୂରରୁ
ଖୁବ୍ ଦୂରରୁ
ମୁଁ ତମକୁ ହିଁ ଚାହିଁଥାଏ

ନାଭିଦେଶରୁ ବକ୍ଷ ଯାଏ
ହାବୁକା ହିଲ୍ଲୋଳର
ଶୀତ୍କାର ଖେଳୁଥାଏ
ମୁଁ ଖାସ୍ ତମକୁ ହିଁ
ଚୁପ୍‌ଚାପ୍ ଦେଖୁଥାଏ
କେବେ ସନ୍ଧ୍ୟାର ମ୍ଳାନ ସେ ଗୋଧୂଳି ପ୍ରହରେ
ରାଧିକାଙ୍କ ଉଦାସ ଭାବ ଦୂରେଇବା ପାଇଁ
ଗଭାରେ ତାଙ୍କର ଯେବେ
ଖଞ୍ଜୁଥିଲି ରକ୍ତ କରବୀର
ସୁସିଂଚିତ କରୁଥିଲି ଚନ୍ଦନ ଅତର
ହରିଣୀ ପରି ରାଧାଙ୍କ ବେନି ନୟନରେ
ଦେଖୁଥିଲି
ଦିଗନ୍ତ ଯାଏ ତମକୁ ଖୋଜି
ପୁଣି ବିରସରେ ଫେରୁଥିବା ମନ ତାଙ୍କ
ତମ ପାଇଁ ଥିଲା ଯେ ଅଧୀର !

ସିଏ ବା ଆଉ କେହି କିପରି ବୁଝିବେ
ମୁଁ କାହିଁକି ତାଙ୍କ ଅବ୍ୟକ୍ତ-କୋହକୁ
ମୋ ଛାତିରେ ଅନୁଭବ କରି
ରୁଦ୍ଧ ଆବେଗରେ
ଲୁହ ଢାଳୁଥିଲି !

ନିତ୍ୟରାସ-ମହାରାସ

ବିଶ୍ୱାସ କରିପାର
ମୋ ଆତ୍ମାରେ ତମ ଛବି
ମୋ ଦେହରେ ତମ କାନ୍ତି
ମୋ ଓଠରେ ତମ ଶବ୍ଦ
ତମ ପାଇଁ ମୋ ପ୍ରେମ
ଏକାନ୍ତ ପ୍ରାରବ୍ଧ !

ତମ ଅଲକ୍ଷ୍ୟରେ ମୁଁ ଚାହିଁଥାଏ ତମକୁ
ଆଉ ତମେ ଶ୍ରୀରାଧାଙ୍କୁ
ମୋର ତମକୁ ଚାହିଁବା ଆଉ
ତମର ରାଧାଙ୍କୁ ଚାହିଁବାରେ
କେତେ ଯେ ତଫାତ୍‌,
ତମେ କିନ୍ତୁ ମୋ ଆଡ଼େ କେବେ ହେଲେ
ଥରୁଟେ ଚାହିଁନ
ଯେତେବେଳେ ବି ଚାହିଁଛ
ରାଧାଙ୍କ ପାଇଁ
ଶ୍ରୀରାଧାଙ୍କ କୁଶଳ ସମ୍ଭାଷିଛ
ପୁଷ୍ପାୟିତ ନିକୁଞ୍ଜର ଚତୁର୍ଦ୍ଦିଗେ ଚାହିଁ
ଶ୍ରୀରାଧାଙ୍କୁ ଖୋଜିଛ, ଇଚ୍ଛିଛ
ହେଲେ ମୁଁ ତ ଦାସୀଟେ

ମନକୁ ଯୋଡ଼ିବାରେ
ଚିଟାଉ ଦେଣନେଣରେ
ଦୂତିକା ସାଜିଛି
ତୁମେ ବା କିପରି ଜାଣନ୍ତ
ମୁଁ ତୁମକୁ
କେହି ନଦେଖିଥିବା ରୂପରେ
କେତେ ଯେ ଦେଖିଛି !

ଶ୍ରୀରାଧାଙ୍କ ସହ ତମ ସାକ୍ଷାତପର୍ବର
ଶେଷ ହେଉ
ମୁଁ କେବେ ଚାହିଁନି
ସେ ସାକ୍ଷାତ୍ ଯୁଗ ଯୁଗ ଅନାହତ ଥାଉ
ତାହା ହିଁ ଚାହିଁଛି ।
ଏ ଚାହିଁବା ପଛରେ
ମୋର ତମକୁ ଦେଖିବାର ଲୋଭ ଯେ କେବଳ ଥାଏ
ତୁମେ କ'ଣ
ଏ ନିରୀହ ନିର୍ବୋଧତାର ଅର୍ଥ କେବେ ବୁଝିଥାନ୍ତ !

ତମ ନୀଳିମ ଉଦ୍‌ଭାସ ଦେଇ
ଜଗତର ଦ୍ରୁମଲତା, ସ୍ଥାବର ଜଙ୍ଗମ
ସବୁ ଶୋଭିତ ହୁଅନ୍ତି
ସୁଦୀପ୍ତ ହୋଇ ଉଠନ୍ତି ଉଦାସିଆ ସ୍ୱପ୍ନ !
ମୋ ଜୀବନ ବାୟାବସାର
ନିବୁଜ ଆସ୍ତରଣ ଆଲୋକିତ ହୋଇଉଠେ,
କାଠିକୁଟା-ତୃଣଦୁର୍ବା-ଦୟଣା ଚଅଁର
ସୁଗନ୍ଧିତ ବେଣାଚର, ସବୁ ଏକାକାର
ଚନ୍ଦନଚର୍ଚ୍ଚିତ ତୁମ ରୂପ ନାଚିଉଠେ
ତମେ ମୋର ଆତ୍ମାର ଆଶ୍ୱସ୍ତି
ପ୍ରବୃତ୍ତି-ନିବୃତ୍ତି ମଧ୍ୟେ

ମୋର ପ୍ରଜ୍ୱଳିତ ଆତ୍ମାପିଣ୍ଡେ
ଅଦୃଶ୍ୟରେ ଦେଉଥାଅ ଅସୀମ ପ୍ରଶାନ୍ତି।

ହେ ଦିବ୍ୟଲୋକ ଧ୍ୱନି !
ଏ ଅନ୍ଧାର ଆଉଟା ଦେହେ
ଚରୁ-ଘୃତ-ଅକ୍ଷତର
ଶଂଖ-ଘଣ୍ଟ-ମଞ୍ଜିଷ୍ଠାର ଧ୍ୱନି !

ଶ୍ରୀରାଧାଙ୍କ ସାଥେ ଯେବେ
ଛନ୍ଦୁଥାଏ ମୁଁ ତମକୁ ମଧ୍ୟସ୍ଥତା କରି
ତମେ କି ଜାଣ
ସେତେବାର ମୁଁ ମୋ ନିଜ ଇଚ୍ଛାଙ୍କୁ ହିଁ
ଜିଣୁଥାଏ - ସଂଶୋଧିତ କରୁଥାଏ,
ଈର୍ଷା-ଉଦାସରୁ
ନିବୃତ୍ତ ରହିବାର ଅଭ୍ୟାସ କରୁଥାଏ।

କୁଞ୍ଜବନେ ତମେ ଏକଲୟରେ
ଚାହିଁଥାଅ ରାଧିକାଙ୍କୁ
ସିଏ ବି ତମକୁ !
ସମୟ ଯେମିତି ସ୍ତବ୍ଧ ହୋଇ ରହିଯାଏ ସ୍ଥିର
ପକ୍ଷୀ ଓ ପବନ
ସତେ ଅବା ଯମୁନାକୁ ଚାହିଁ
ତଟସ୍ଥ ଥାଏ ଗୋପପୁରର ଆକାଶ।

ତୁମର ସତେ କି ଚାହାଣି ଯେ !
ଦର୍ଶନ ପିପାସୀ ଆଖିରେ
ଯୁଗ ଯୁଗର ଅଭିଳାଷ ମେଣ୍ଟୁଥାଏ
ସେ ଚାହାଣିରେ
ଗୌରବର୍ଣ୍ଣୀ ରାଧିକାଙ୍କ ମୁଖପରେ

ବର୍ଣ୍ଣବିଭା ତୋଳି
କେତେ ରଙ୍ଗ ଆସେ ପୁଣି ଯାଏ
ତମ ଚାହାଣି କେବଳ କ'ଣ
ଏମିତି କାହାକୁ ବର୍ଣ୍ଣିଳ କରିଥାଏ !

ସମୟ ଗଡ଼ିଚାଲେ
ଫେରିବାର ଥାଏ
ହେଲେ ମନେ ମନେ ପୁଣି ଗୁଣି ହୁଏ
ଏମିତି ଏ ପ୍ରେମ
ଏମିତି ଚାହିଁ ଚାହିଁ ଆକର୍ଷିବା
ଏମିତି ନିଃଶବ୍ଦରେ ନିଜ ସାଙ୍ଗେ ଅଜସ୍ର ଗପିବା
ଏମିତି ପ୍ରତିଶ୍ରୁତି ନଦେଇ
ଆଜୀବନ ପ୍ରତୀକ୍ଷାର ପ୍ରତିଶ୍ରୁତି ଦେବା
ଏମିତି... ଏମିତି
ଜନ୍ମ-ଜନ୍ମାନ୍ତର ପାଇଁ
ବିରହର ଜ୍ୱାଳା ସହି
କାନ୍ଦିବା - ହସିବା ପାଇଁ
ନିଜ ପାଖେ ଦାୟବଦ୍ଧ ହେବା ।
ଏ କ'ଣ କମ୍ କଥା କି ?
ସହସ୍ର ଗୋପିକା ଆଉ ଶ୍ରୀରାଧାଙ୍କ ଭଳି
ତମେ ମୋର ବି ସଖା !
ରାଧା-କୃଷ୍ଣ ଆଖ୍ୟାନରେ
ପରିଚିତ ଏକ ପାଦଟୀକା !

ତମ ସାଥେ ଶ୍ରୀରାଧାଙ୍କ ଯୁଗାତୀତ ରାସ !
ସାନ୍ନିଧ ଯୋଗର ଓ
ବିରହ ଧ୍ୟାନର
ଯାହାକୁ ବୁଝିବାରେ ବିତିଯାଏ
ଜନ୍ମ-ଜନ୍ମାନ୍ତର ।

ରକ୍ତମାଂସର ମଣିଷ
ବୁଝିବ କାହୁଁ ଯେ,
ସିଏ ତ କହିବ ଏ ପ୍ରେମ ରକ୍ତମାଂସ ଶରୀରର
ଏ ଆବେଗ - ତୃଷ୍ଣାର
ଏ ଆଶ୍ଲେଷ - କ୍ଷୁଧାର !

ସେ କାହୁଁ ବୁଝିବ କାରଣ
ତା'ର ବୁଝିବାର ଇଚ୍ଛା ପାଇଁ ବି
ଲୋଡ଼ା ପଡ଼େ ପୂର୍ବର ସଂସ୍କାର ।

'ରାସ' ସେ ଅବର୍ଣ୍ଣନୀୟ !
'ରାସ' ସେ ଅଦ୍ଭୁତ !
ସ୍ନିଗ୍ଧ-ପୂତ-ସୌନ୍ଦର୍ଯ୍ୟର ରାସ !
ପୁଷ୍ପ-ହାସ-ବିରହର ରାସ !
ପ୍ରେମ-ପୂର୍ଣ୍ଣ ଉତ୍ସର୍ଗର ରାସ !
ସଂପୂର୍ଣ୍ଣ ଜୀବନ ଯେ ରାସ
ଜାଗତିକ ସୃଜନର ଉତ୍ସ !
ଚାହିଁ ଦେଖ ଚତୁର୍ଦ୍ଦିଗେ
ଅନ୍ତରୀକ୍ଷେ
ଭାସମାନ ମେଘଖଣ୍ଡ
ବିଶାଳ ସାଗର ବକ୍ଷେ
ଉତ୍ତାଳ ତରଙ୍ଗ ତୋଳି
ପୁନଃ ଶାନ୍ତ ହେଉଥିବା ବର୍ଷା
ପକ୍ଷୀର କାକଳି ଅବା
ଭ୍ରମର ଗୁଞ୍ଜନ
ବର୍ଣ୍ଣିଳ ଉଦିତ ସୂର୍ଯ୍ୟ
ପୁଷ୍ପିତ ଉଦ୍ୟାନ
ଏ ସମସ୍ତ ସ୍ଥୁଳ ଏହି ଜଗତର ରାସ
କୃଷ୍ଣ ଓ ଗୋପିକାଙ୍କର

ଲୋକାୟିତ ନୃତ୍ୟ
ବିଶାଳ ତତ୍ତ୍ୱର ତାହା ସାମାନ୍ୟ ଝଲକ
ସାଧାରଣ ଦିଶୁଥିବା
ଏହି ରାସ ପାଇଁ
ଅଦୃଷ୍ଟ ହସ୍ତରେ ପଡ଼େ
କଳ୍ପ-ଜନ୍ମାନ୍ତରର ବନ୍ଧନ
କେବଳ ଏ ରାସ ପାଇଁ
ପୁନଃ ପୁନଃ
ସଂସାରକୁ ଆସିବା ଆବେଗ !

ପ୍ରକୃତି - ପୁରୁଷର
ଶ୍ରୀରାଧା - ଶ୍ରୀକୃଷ୍ଣଙ୍କର
ନୃତ୍ୟମୟ ତତ୍ତ୍ୱ
ବୃହତ୍ ପ୍ରକୃତି ସାଥେ
ଚିନ୍ମୟ ପୁରୁଷଙ୍କର
ନିରନ୍ତର ନିଗୂଢ଼ ସେ ନୃତ୍ୟ !

ହେ ନିଧିବନ କାନ୍ତି !
ତମ ତାରୁଣ୍ୟ ଛଟାରେ
ମୋହିତ ଶ୍ରୀରାଧା
ବ୍ରଜବାଳୀ - ଗୋପକନ୍ୟା
ତମରି ଦର୍ଶନ ମାତ୍ରେ
ବିସ୍ମୃତ ହୁଅନ୍ତି ସବୁ
ନିଜ ମନ - ପୁଣି ଶରୀରରୁ
ସେତେବେଳେ
ସମୟ ଯେମିତି ସତେ
ଶାନ୍ତ ଆଉ ସ୍ଥିର ରହିଯାଏ !

ଦିବ୍ୟଲୀଳା ପାଇଁ କାୟ-ମନ-ବଚନରେ
ସମର୍ପଣ ଯଜ୍ଞ ଚାଲିଥାଏ
ସମର୍ପଣ - ଇନ୍ଦ୍ରିୟ କାମର
ସମର୍ପଣ - ମନ ଆସକ୍ତିର

ଏ ଗୋପ - ବୃନ୍ଦାବନରେ
ଲବଣୀ ଚୋରିଠାରୁ
ଦଧିହାଣ୍ଡି ଭାଙ୍ଗିବାର ମେଳା
ଗୋପୀଙ୍କର ବସ୍ତ୍ର ଚୋରିଠାରୁ
ରାଧାଙ୍କ ସଂଗେ ରାସଲୀଳା
ସବୁଥିରେ ତମେ ହିଁ ନାୟକ
ଜାଗତିକ ଲୀଳାଦିର ହେ ମହାନାୟକ !

ତମେ ପ୍ରତି ବୈଷ୍ଣବର
ଏକାନ୍ତ ଆରାଧ୍ୟ
ତମ କଳା - ତମ ଲୀଳା
ଆକଳନ କରିବା ଅସାଧ୍ୟ !
ତମ ରାହାସରୁ ଉଠୁଥିବା
ଷୋଳ ସହସ୍ର ଗୋପୀଙ୍କର
ପଦଧୂଳିଠୁଁ ସାମାନ୍ୟ ମୁଁ !
ତୁମେ ପୁଣି ଅପହଞ୍ଚ, ସତରେ ଦୁର୍ବୋଧ୍ୟ ।

ମଣିଷ ମନର ସୂକ୍ଷ୍ମକୋଷ ଭେଦି
ସଂଗୋପିତ ଚିନ୍ତନର
ପ୍ରତିଟି ସ୍ତରକୁ
ବୁଝିବାର ଦକ୍ଷତା ତମର
କିଏ କ'ଣ ପାଇଁ ଖୋଜେ
ପ୍ରେମ କି ପ୍ରୟୋଜନରେ
ଭାବ କି ଅଭାବରେ

ଜାଣିବାର ସାମର୍ଥ୍ୟ ତମଠି...
ତମେ ଅଣୁଠୁଁ ଅନ୍ତରୀକ୍ଷ ଯାଏ ପରିବ୍ୟାପ୍ତ
ତମେ ସାଧନାରୁ ସନ୍ଧାନ ଯାଏ ଇତିବୃତ୍ତ ।

ଯଦି ତମେ ସବୁ ଜାଣିପାର
ଆଡ଼ ଆଖିରେ କାହିଁକି
ଥରଟିଏ ଚାହିଁଲନି ମୋତେ
ଆଶଙ୍କାରେ କି ଅହଂକାରେ
ନା ରାଧା ପ୍ରେମରେ
ଭଙ୍ଗା ପଡ଼ିଯିବାର ଭୟରେ !

ତମ ସହ ସାକ୍ଷାତ ପରେ
ଯେବେ ଶ୍ରୀରାଧା ଫେରନ୍ତି
ଯମୁନା ଧାରରୁ ଘରର ଚଉକାଠ ଯାଏ
ବାଟସାରା କେବଳ
ତମରି ହିଁ ଚର୍ଚ୍ଚା
ତମ କରସ୍ପର୍ଶରୁ ଅଧର ସ୍ପର୍ଶ ଯାଏ
ମନରୁ ଶରୀରର କୋଣ-ଅନୁକୋଣ ଯାଏ
ନଖରୁ ଶିଖ ଯାଏ
ହୃଦୟର ପ୍ରତିଟି ସ୍ପନ୍ଦନ ଯାଏ
କେବଳ ତମରି ବର୍ଣ୍ଣନା
ପାଦର ଘୁଙ୍ଗୁର - କଟିର ମେଖଳାଠାରୁ
ବଂଶୀର ରନ୍ଧ୍ର ନିଃସୃତ ରାଗିଣୀଯାକର ବୟାନ

ମୁଁ ଖାଲି ଶୁଣୁଥାଏ ଏବଂ
ସେ କହୁଥା'ନ୍ତି
ମୁଁ ଭିଜୁଥାଏ ତମ ସହ ଗଭୀର ପ୍ରେମରେ
ଅନୁଭବୁଥାଏ ତମ ସ୍ପର୍ଶ
ମୋ ସମଗ୍ର ଶରୀରେ - ଗଣ୍ଡଦେଶେ ଓ ପୁଣି ମୋ ଅଧରେ

ମନରେ ମନରେ
ମଧୁମୟ ହୋଇଉଠେ
ମୋର ମୁହୂର୍ତ୍ତ-ମୁହୂର୍ତ୍ତ
ଶ୍ରବଣ-ମନନ ଆଉ ତମ ସ୍ମରଣରେ।

କାହିଁକି କେଜାଣି ପରକ୍ଷଣେ
ମୁଁ ଅବସାଦ ଭୋଗେ, ଅକାରଣ
ବିଳାପ କରିବାକୁ ଇଚ୍ଛା ହୁଏ
ଖୁବ୍ ଉଚ୍ଚସ୍ୱରେ।
କାହିଁକି କେଜାଣି
ଉଦ୍‌ଗତ ଆବେଗ ମୋ
ସେଇଠି ରାଧାଙ୍କୁ ଛାଡ଼ିଦେଇ
ପଛକୁ ଧାଇଁବା ପାଇଁ
ମୋତେ ପ୍ରବର୍ତ୍ତାଏ
ତମ ପାଇଁ ଉଚ୍ଛ୍ୱାସ ଓ ଉଚ୍ଚାଟର
ଶିହରଣ ଖେଳେ ସମଗ୍ର ଶରୀରରେ
ଯଦିଓ ମୁଁ ଜାଣିଥାଏ
ପହଞ୍ଚିଲାବେଳକୁ
ତମେ ହିଁ ନଥିବ
ଯମୁନାର କୁଞ୍ଜବନେ
ରାସ ପର
ମଉଳା ଫୁଲମାନଙ୍କ
ଝାଉଁଳା ପାଖୁଡ଼ା ଏଠି ସେଠି ପଡ଼ିଥିବ
ତମେ ସେଇମାତ୍ର
ଚାଲିଯାଇଥିବ, ଯଦିଓ
ଚନ୍ଦନ କସ୍ତୁରୀର ସୁଗନ୍ଧରେ
ଯମୁନାର ଘାଟ-ପାଟ
ସବୁ ମହକୁଥିବ !

ତମେ ବି କାହିଁକି ଥାଆନ୍ତ ଅବା
ରାଧା ଚାଲି ଯିବା ପରେ
କାହିଁକି ବା କାହା ଅପେକ୍ଷାରେ
ବଇଁଶୀର ରାଗ ତୋଳୁଥା'ନ୍ତ ସେଇଟି ଅଟକି ?

ମୋ ବିଷାଦିତ ପ୍ରଗଲ୍‌ଭତା
ଆକୁଳ ବିକଳ ହୁଏ
ଥରୁଟିଏ ଥା'ନ୍ତ କି କେବେ
କେବଳ ମୋ ପାଇଁ
କେବଳ ମୋ ଅପେକ୍ଷାରେ !

ବେଳେବେଳେ କୋମଳାଙ୍ଗୀ
ମୃଗାକ୍ଷୀ ଶ୍ରୀରାଧାଙ୍କ କଟୀ ଦେଶକୁ ତୋଳିଧରେ ମୁଁ ଖୁବ୍ ସାହସରେ
ସେତେବେଳେ ମନେହୁଏ ମୁଁ ଧରିଛି ତମକୁ
କାରଣ, କିଛି କ୍ଷଣ ପୂର୍ବରୁ ତୁମେ ଯେ କୋଳେଇ ଥିଲ ତାଙ୍କୁ !
ରାଧିକା ତମର କଥା ଭାବି
ଆବେଗରେ ମୋ କୋଳରେ
ଆଖିବୁଜି ଆଉଜି ପଡ଼ନ୍ତି
ମୁଁ ବି କେଜାଣି କାହିଁକି
ଈର୍ଷା ଆଉ ଅସ୍ୱସ୍ତିରେ ଆଖି ବୁଜିଦିଏ ।
ମୁଦ୍ରିତ ଚକ୍ଷୁରେ ମୋର
ନାଚିଉଠେ ତୁମ ମୂର୍ତ୍ତି
ତମକୁ ମୁଁ ଖୋଜିପାଏ
ଖୁବ୍ ନିକଟରେ
ମୁଁ ତମକୁ ପାଇଯାଏ ମୋରି ଭିତରେ
ମୁଁ ତୁମେ ହୋଇଯାଏ
ମୁଁ ରାସମୟ ପୁଣି
ରସପୂର୍ଣ୍ଣ ହୋଇଯାଏ ।

ବେଳେବେଳେ ପୁଣି କ୍ଷୁବ୍ଧ ହୁଏ,
ତମକୁ ମନଭରି ଗାଳି ଦେବା ପାଇଁ
ସାହସ ସଂଚେ ମୁଁ
ଏଥର ଶ୍ରୀରାଧାଙ୍କୁ ନେଇ ସାକ୍ଷାତ କରାଇବାବେଳେ
ଶବ୍ଦାଘାତ ଦେବା ପାଇଁ
ନିଷ୍ପତ୍ତି ନିଏ ମୁଁ
ପରକ୍ଷଣେ ନୋଇଁଯାଏ ମଥା
ମନରୁ ହୃଦୟ ଯାଏ
ପ୍ରସାରିତ ହୋଇଯାଏ ଅବ୍ୟକ୍ତ ସେ ବ୍ୟଥା !

ମୋ ଦୌତ୍ୟ କର୍ମରେ ତ୍ରୁଟି ପାଇଁ
କ୍ଷମା ଚାହେଁ !
ମୋ ମନର ପାପ ପାଇଁ
ଶାସ୍ତି ଚାହେଁ !
ପଛେ ମୋତେ ଥରେ ହେଲେ ନ ଚାହଁ
ପଛେ ମୋତେ ଥରେ ହେଲେ ନ ଛୁଅଁ,
ପଛେ ଶ୍ରୀରାଧା ଓ ଗୋପୀଙ୍କ ସହିତ
ଯୁଗେ ଯୁଗେ ରାସ ରଚୁଥାଅ
ମୋତେ କିନ୍ତୁ
ଏମିତି ଦୂତୀ ହୋଇ ରହିବାକୁ ଦିଅ ।

ସତ କୁହ
ତମ ଗୋପୀକାଙ୍କ ମହତ୍ତ୍ୱ ଆଗରେ
ମୁଁ କ'ଣ ଧୂଳି ମାତ୍ର ନୁହେଁ ?
ତ୍ରେତୟାର ତପସ୍ୱୀ-ଋଷିଙ୍କୁ
ଦେଇଥିବା ପ୍ରତିଶ୍ରୁତି ପାଇଁ
ଦ୍ୱାପରରେ ରାହାସର ଲୀଳା
ମୋ ପ୍ରାରବ୍ଧ ଫଳ ନେଇ
ସଂଚିତ ସୁକର୍ମ ବଳେ

ତମ ସାଥେ ଦେଖା !
ସତ କୁହ
ତମେ ଚାହିଁଥିଲେ କ'ଣ
ବଦଳିନଥା'ନ୍ତା ମୋର
ଏଇ ଭାଗ୍ୟରେଖା !

ଜାଣି ଜାଣି ତମେ ଲୋଡ଼ି ନାହଁ ମୋତେ
ଷୋଳ ସହସ୍ର ନାରୀ ଯଦି ନୃତ୍ୟ କଲେ
ଶ୍ରୀରାଧାଙ୍କୁ କେନ୍ଦ୍ର କରି ପ୍ରଦକ୍ଷିଣ ପରେ
ଯଦି ତାଙ୍କ ସଂଜ୍ଞା ହରାଇଲେ
ପାଖରେ ଥାଇ କାହିଁକି
ସେମାନଙ୍କ ସାଙ୍ଗରେ ମୁଁ ନ ଥିଲି ?

ଅଭାଗୀ ମୁଁ ପରିକ୍ରମା
ସୁଯୋଗ ନ ପାଇ
ଏତେ କାହିଁ କୁହୁଳୁ ଯେ ଥିଲି !
ତଥାପି
ଅହରହ ଥିଲ ତୁମେ ମୋର ଚେତନାରେ
ଉବୁଟୁବୁ ଥିଲି ମୁଁ ଯେ ତମରି ପ୍ରେମରେ
ମଜ୍ଜିଥିଲି ତମ ଭାବନାରେ
ଅନେକ ଥର ଅନୁଭବିଛି ତମକୁ
ଅହଂକୁ ଭାଙ୍ଗି ଚୂର୍‌ମାର୍ କରୁଥିବା ତମ କଥାକୁ
ତମକୁ ଚିହ୍ନେ ବୋଲି ଥିବା ମୋ ଦର୍ପକୁ ।
ଗୋପଲଳନାଙ୍କ ଗହଳିରେ ଥାଇ
ଭ୍ରୂ-ଲତା ନଚାଇ
ଅନେକ ଥର ତମେ ସେମାନଙ୍କର ବୋଲି
କଟାକ୍ଷ କରିଛ ।

ହଜିଯାଉ ପୋଡ଼ିଯାଉ ତମ ପାଇଁ
ଯେତେ ମୋର ସମ୍ମାନ ଓ ପ୍ରେମ
ମୋତେ ତମେ ଭଲପାଅ ବୋଲି ଥିବା
ଯେତେ ଅହଂ ଯେତେକ ଭରମ।
ତମକୁ ଶୁଣିବା ଆଉ ତମକୁ ଜପିବା
କେବେ କେବେ ଝୁରିହେବା
ଆଉ ତମ ସେବା ପାଇଁ ଜିଗର କରିବା
ଅନୁକ୍ତ ଏ ଅନୁଭବ ପ୍ରଗାଢ଼ ଏ ପ୍ରେମ!

ଏ ତ ମହାରାସ ମୋ ଆତ୍ମାର!
କଥା ଏତିକି ଯେ ମୁଁ ଚାହେଁ ତମ ଦୃଷ୍ଟି ଆଉ ସ୍ପର୍ଶ
ଚାହେଁ ତମ ଆଲିଙ୍ଗନ ତୁମରି ସାନ୍ନିଧ
ପ୍ରତିଟି ଉଚ୍ଚାଟ ମୋର
ତମ କଟାକ୍ଷରେ
ବୋହିଯାଉ ଏ ଆଖିରୁ
ଅଶ୍ରୁଧାର ହୋଇ
ପ୍ରତିଥର ତମକୁ ମନଭରି ନ ଦେଖି ପାରିବାର
କ୍ଷତ ଓ ଯନ୍ତ୍ରଣା!

ଏକମାତ୍ର ତମକୁ ଆଖିଭରି ଦେଖନ୍ତି ଶ୍ରୀରାଧା
ମୋ ଅଭିଳାଷ
ବାକୀ ରହେ ପ୍ରତିଥର, ଆରଥରକୁ
ଆଉ ଥରେ ଦେଖିବାକୁ
ଖୁବ୍ ନିକଟରୁ ମନଭରି
ତମେ କି ଜାଣ
ଫେରନ୍ତା ସମୟର ଅନୁଭବ ସଂପର୍କରେ
ପୋଷ ପୋଷ ଆବେଶରେ କନ୍ଦାନ୍ତି ଯେ ମତେ

କେବେ ବି ବୁଝିପାରେନି
କାହିଁକି ମୁଁ ତୁମ ପାଇଁ ଏମିତି ଯେ
ଉନ୍ମାଦିନୀ ସତେ !

ତମ ଗୋରଚନା ବିନ୍ଦୁ
ଶିଖିପୁଚ୍ଛ, ବେଣୁ
ଗୋପୀକାଙ୍କୁ ଆନମନା କରେ ଏବଂ
ମୋତେ ଦିଏ ଅସୀମ ଯନ୍ତ୍ରଣା !
ତମ ପାଶେ ଆସି ପୁଣି ଫେରିବାକୁ
କିଏ ଦିଏ ମୋତେ ଯେ ମନ୍ତ୍ରଣା
ଆସି ପୁଣି ଫେରିବାରେ କେତେ ଥାଏ
ସତରେ ଯନ୍ତ୍ରଣା !

ଅଦ୍ଭୁତ ଏ ଜୀବନ

କି ଅଦ୍ଭୁତ ଜୀବନ ଏ
କି ଅଦ୍ଭୁତ ପ୍ରାଣ
ତମ ନ ଥିବାରେ ଶୁଭେ ତୁମ ବଂଶୀସ୍ୱନ !
ନ ଥିବାର ଅନୁଭବେ
ଶୂନ୍ୟ ପୁଣି ସବୁ ଛିନ୍ନଭିନ୍ନ !

ଯମୁନାର ତଟ ଦେଶେ
ଯେତେସବୁ ଶ୍ୟାମଳିତ ରୂପ
ମୋତେ ଦିଶେ
ସେ ସବୁରେ ତମ ସମାବେଶ !
ଦଗାଦିଆ-କପଟୀ-ଲମ୍ପଟ ବୋଲି
କେ କହେ ତୁମକୁ
ମୁଁ ତ ଭାବେ
ତମେ ଅବା ମୋ ମରମେ
ସମ୍ମୋହନ ଭରି
ଆସିଅଛ ଶୂନ୍ୟତାରେ ରାସ ରଚିବାକୁ !

ତମ ସାଥେ ଏଇ ରାସ ତୀବ୍ର ବିରହର
ଏ ରାସ ଯେ କ୍ଷଣେ ପାଇ ପରକ୍ଷଣେ
ହଜେଇ ଦେବାର

ବହୁବାର ଅକାରଣେ ମୁଁ
ସାକ୍ଷାତ କରିଚି ତମକୁ
ମିଛ ବାହାନାରେ
ତିଳତିଳ ଜଳିଛି ମୁଁ ଅବ୍ୟକ୍ତପଣରେ
କେବେ ମୁଁ ଫେରିଛି ବ୍ୟର୍ଥ ପ୍ରତିଶ୍ରୁତିର ନୀଳ ଦ୍ୟୁତି ନେଇ
ପୁଣି କେବେ ଦୟନୀୟ ପରିଣତିର ନୀଳଜ୍ୱାଳା ନେଇ !

ମୁଁ ତୁମକୁ ତୁମଠାରୁ ବେଶି ବୁଝିପାରେ ବୋଲି
ସେଦିନ ଜାଣିଲି
ଯେଉଁଦିନ ଶ୍ରୀରାଧା ମୋ ହାତରେ
ସନ୍ଦେଶଟି ଦେଲେ
ତମକୁ ନ ଆସିବା ପାଇଁ ବାରଣ କରିଦେଇ
ତୁମର ପରୀକ୍ଷା ନେଉଥିଲେ ।

ତମେ ଯେ ପ୍ରେମିକ ଶିରୋମଣି
ଏକନିଷ୍ଠ ପ୍ରେମୀ ଉପାସକ
ଅସୁସ୍ଥ ହୋଇଛ ବୋଲି ନିଜେ କହିଦେଲ
ନଗ୍ନପଦେ ଶ୍ରୀରାଧାଙ୍କ ହେଲା ଆଗମନ
ତାଙ୍କ ସାଥେ ସାକ୍ଷାତ ପାଇଁ ତମେ ହିଁ ତ
ଏ ପ୍ରକାର ମାୟା ରଚିଥିଲ ।
ତମର ତାଙ୍କ ପାଇଁ ଏମିତି ମୋହାତୁରା ହେବା
ଏମିତି ତାଙ୍କ ସାକ୍ଷାତ ନିମନ୍ତେ
ବ୍ୟଗ୍ର ହୋଇ ବାହାନା କରିବା ନେଇ
କେତେ ଈର୍ଷା କେତେ ଲୋଭ ମୋର !

ଯାହା ପାଇଁ ଆତ୍ମା ଅନୁକୋଣେ
ଉଚ୍ଛ୍ୱସିତ ରାସ
ଅପ୍ରାପ୍ତିର ନିରବିତ କ୍ଷୋଭ
ପାଇନି ବୋଲି ଯାହାଙ୍କୁ

ଚାରିପଟେ ଉଷ୍ମ ଦୀର୍ଘଶ୍ୱାସ
ସେ କ୍ଷଣ ଆସିବ ଦିନେ
ଅବଶେଷେ ଜୀବନର
ତାଙ୍କୁ ମୁଁ ଭେଟିବି ଦିନେ
ଏହି ମୋ ବିଶ୍ୱାସ !

ତମେ ଜାଣିକି ଜାଣନି
ବୁଝିକି ବୁଝନି
ମହାରାସ ବେଳେ ତମକୁ
ଘେରିଥିବା ଗୋପାଙ୍ଗନାମାନେ
ରାସରେ ମଜ୍ଜିଥିବାବେଳେ
ଅନାସକ୍ତ ଯୋଗୀ ଭଳି ଦିଶୁଥାଅ
ମୁଁ ଭଲ ଭାବେ ଜାଣେ
ତମେ ମୋର ନୁହଁ କି
କାହାର ନୁହଁ
ମୁଁ ଦେଖିଛି ସେ ମହାରାସ
ସ୍ୱଚକ୍ଷୁରେ - ଆତ୍ମାରେ
ହେଜିଛି ମର୍ମରେ
ଅମୃତ ରସ ଯେବେ ମୂର୍ତ୍ତ ହୁଏ
ଚାଲେ ଅଭିସାର
ପ୍ରତ୍ୟେକ ଅଭିସାର
ସାଜୁଥାଏ ରାସ ପୁଣି ମହାରାସ
ଜୀବ ସହ ପରମର
ନିଗୂଢ଼ ସମ୍ବନ୍ଧ
ଅନ୍ତିମ କ୍ଷଣରେ ବି ତମ ନାମ ଜପୁଥିବା
ବିଦାୟ ଲୋଡୁଥିବା ଜୀବନ
ଖୋଜୁଥାଏ ତମର ସାନ୍ନିଧ
ତମେ ତ ବିଭୋର ଥାଅ
ନିଜ ଭିତରେ ନିଜେ

ତମକୁ ଦର୍ଶନ କରି କିଏ କ'ଣ ହେଲା
କିଏ ବାତୁଳୀପ୍ରାୟ
ଅତନ୍ଦ୍ରରେ ରାତି ପୁହାଇଲା
ଅବା ଅଖଣ୍ଡ ଦୀପଜାଳି
ତମକୁ ସ୍ମରିଲା
ତମର କି ଯାଏ ଆସେ ଏଥିରେ
ତମେ ତ ତମେ
ତମେ ତ ତମେ ଯେ
ବଂଶୀର ରନ୍ଧ୍ରରେ
ସପ୍ତରାଗ ସ୍ୱର ତୋଳି
ଆକର୍ଷିବା ଯାଏ ସେମିତି ହିଁ
ମୁରଲୀରେ ରାଗ ତୋଳୁଥିଲ
ତମ ମୁରଲୀକୁ ଛୁଇଁ ସତ କହୁଛି
ମୁଁ ତମକୁ ଦେଖିବାକୁ
ଶେଷତମ କ୍ଷଣଯାଏ ବି
ମୋହ ରଖିଥାଏ...
ମୁହୂର୍ତ୍ତ-ପ୍ରହର ସବୁ
ତମପାଖେ ପଦାନତ
ଶ୍ରୀରାଧା ଓ ଗୋପୀଗଣ
ଏମିତିକି ମୁଁ ବି ବଶୀଭୂତ
ବଶୀଭୂତ, ସମ୍ମୋହିତ ସଂପୂର୍ଣ୍ଣ ଜଗତ !

ପ୍ରତି ଋତୁ ଅଳି କରନ୍ତି
ସେମାନଙ୍କ ଚକ୍ରକୁ ଏଡ଼େଇ
ପୁଣି ଫେରିବାକୁ
ଖାସ୍ ତୁମ ସାଥେ ରାସ ରଚିବାକୁ
ଋତୁଲଗ୍ନ ମୁହୂର୍ତ୍ତସବୁ
ତମରି ପ୍ରେମରେ ବିଭୋର ଥା'ନ୍ତି
ପ୍ରକୃତି ବି ଆନମନା

ପ୍ରତି ଋତୁରେ ସୁସଜ୍ଜିତା ହୋଇ
ଗଛ ପତ୍ର, ନଦୀ ଆଉ ବଣ
ତମ ପାଇଁ ଚାହିଁ ରହିଥାନ୍ତି।

ମୁଁ ଦୂରରେ ଥାଇ ବି
ତମ ନାମ ଉଚ୍ଚାରଣ କରେ
ତମ ପାଇଁ ଅଶ୍ରୁପାତ କରେ
ତମଠି ନିବିଷ୍ଟ ଥାଇ କେତେ ମୁଁ ବିଳପେ !

ସବୁରି ମନୋବୃତ୍ତର କେନ୍ଦ୍ରବିନ୍ଦୁ ତମେ
ତମେ ନିଜେ ମନ
ନିଜେ ବି ଅମନ
ମୋର ତୁମ ପାଇଁ
ଅନ୍ତଃହୀନ କ୍ଷୋଭ ଆଉ ପ୍ରେମ !
କ୍ଷୋଭ ତମ ଚତୁରତା ପାଇଁ
ପ୍ରେମ ତମ ବୁଦ୍ଧିମତ୍ତା
ପ୍ରେମ ପାଇଁ
ସର୍ବୋର୍ଦ୍ଧ୍ୱରେ ତମ ଅନାସକ୍ତି ପାଇଁ !
ସମୟ ବି ପାରିବନି କଳି
କାହିଁକି ମୁଁ ତମ ପଛେ ଧାଏଁ
ଦିନ-ରାତି କାହିଁକି
ଖୋଜୁଥାଏ ଖାଲି !

ନା, ମୁଁ ତମ ପାଖେ ପହଞ୍ଚିବା ପାଇଁ କେବେ
ଚେଷ୍ଟା ବି କରେନି
ମୁଁ ଅବା କେଉଁଠି ଯେ ଥାଏ ?
ମୋ ହୃଦୟର ସ୍ପନ୍ଦନରେ
ପହଡ଼ ପକେଇ
ଦୀର୍ଘଶ୍ୱାସଙ୍କ ଶବ୍ଦ ନିଜେ ଶୁଣୁଥାଏ !

ଅନ୍ତର୍ମନକୁ ବୁଝିପାର ବୋଲି
ତମେ ଅନ୍ତର୍ଯ୍ୟାମୀ
ମୋ ପ୍ରତି ତମରି ରୁକ୍ଷତା
ପୁଣି ତମ ନିରବତା
ମୋ ଅନ୍ତରକୁ ବୁଝୁ ନଥିବା
ତୁମକୁ ମୁଁ
କେଉଁ ନାମ ଦେବି ?

କେବେ ତୁମେ
ଜହ୍ନ ଭଳି ସଂଗୁପ୍ତରେ ଆସ ଲୁଚି ଲୁଚି
ମୋ ଆତ୍ମାର ବାତାୟନ ଦେଇ
ସୂର୍ଯ୍ୟ ଭଳି ଦିନ ଆଲୁଅରେ
କିମ୍ବା ତମେ ଥରେ ଆସ ନାହିଁ ?

ଦିନ ଆଲୁଏ ଜଗତ
ଦେଖେ ତମ ମାନବୀୟ ଲୀଳା
ଗଭୀର ନିଶୀଥେ କିନ୍ତୁ
ଚାଲେ ତୁମ ମହାରାସ ଖେଳା
ମୁଁ ଉଭୟ ସ୍ଥିତିରେ ଥାଇ
ସବୁ ଦେଖୁଥାଏ;
ଶ୍ରୀରାଧା - ଗୋପୀଙ୍କ ମଧ୍ୟୁ
ଦୂତୀଟିଏ ବୋଲି ଯାହା
ବାରି ହେଉଥାଏ ।
ଭୃତ୍ୟଟିଏ କେବେ କ'ଣ
ପ୍ରଭୁକୁ ତା' ଛୁଏଁ ?
ମୁଁ ଲଳିତା
କିଙ୍କରୀଟିଏ ମୁଁ
ଯୁଗେ ଯୁଗେ ମହାରାସ ବଳୟରେଖା ବାହାରେ
ଏହିପରି ରହିବାକୁ ଚାହେଁ ।

ତମକୁ ଝୁରିବା ମୋର
ଶ୍ରେଷ୍ଠ ଦିବ୍ୟରତି
ତମ ପାଇଁ ସ୍ୱାନ୍ତ ହୁଏ ପଛେ
ଚାହୁଁଥିବି ଏହିପରି ସାମୀପ୍ୟ ମୁକତି !

ମୁଁ ରସମୟୀ ରାସପ୍ରିୟା
ଋତୁମତୀ ଇଚ୍ଛାମୟୀ ବିଦଗ୍ଧା ଲଳିତା !
ତମେ ପୂର୍ଣ୍ଣଇନ୍ଦୁ – ଦିବ୍ୟସିନ୍ଧୁ
ଶ୍ରେଷ୍ଠତମ ପୁରୁଷ ଓ
ଶୁଦ୍ଧ ମହାବିଷ୍ଣୁ ।
ତମେ କିଶୋର-ଗମ୍ଭୀର
ସବୁ ବ୍ୟକ୍ତିତ୍ୱର ସାର
କଳାନିଧି ଜ୍ଞାନ ଓ ଯୋଗର
ମୁଁ କିଶୋରୀ ଲଳିତା
ସ୍ରୋତ ଆବେଗର
ମୋ ପାଇଁ ହୁଅ ପଛେ ଭ୍ରମ ତମେ
ହୁଅ ପଛେ ଅସୀମିତ ସନ୍ତାପର ଦ୍ୱାର
ତଥାପି ମୁଁ ଚକ୍ଷୁହୀନା ସ୍ତାବିକା ତୁମର !

ଯମୁନା ତଟ ଦେଶରେ ଗୋପାଙ୍ଗନା ଯୂଥ
ପୂର୍ଣ୍ଣମୀରେ ଉଜ୍ଜ୍ୱଳ ଭୂଲୋକ
ନିଶାର୍ଦ୍ଧର କୁଞ୍ଜବନେ
ସରନ୍ତା ସମୟର ଲିତା ଗଡୁଥାଏ
ତମ ଦୁହିଁଙ୍କ ମିଳନର
ମୁଁ ମୂର୍ତ୍ତି ପ୍ରାୟ ସାକ୍ଷୀ ରହିଥାଏ
ପାହାନ୍ତାର ଶର୍ବରୀ
ଝୁରିଝୁରି ସତେ ଝରୁଥାଏ
ମୁଁ ଅପେକ୍ଷାରେ ଥାଏ ତମ ଦୁହିଁଙ୍କର ସେଦିନ

ତମେ କିମ୍ବା ସିଏ କେହି ହେଲେ
ଆସି ହିଁ ନ ଥିଲ
କୁଞ୍ଜର ପ୍ରବେଶ ପଥେ
ଘୂରୁଥିବା ମୋ ଚକ୍ଷୁଯୁଗଳ
ମୋ ନିଜର ଆୟତ୍ତେ ନ ଥିଲେ
ଯେତେ ସଂଭ୍ରମ ଥିଲେ ବି
ତୁମ କଥା ଭାବି ଭାବି
ଅଶ୍ରୁ ମୁଞ୍ଚନ କରି ଚାଲିଥିଲି ।
କେବେ ପୁଣି ନିଜକୁ ଆଶ୍ୱାସି
ଅସ୍ୱସ୍ତିରୁ ମୁକ୍ତି ଖୋଜୁଥିଲି !
ଅନ୍ତତଃ ଥରଟିଏ
ଦର୍ଶନ ଅଭିଳାଷରେ
ତମକୁ ମୁଁ ଖୋଜି ହେଉଥିଲି ।
ଇଚ୍ଛା ଥିଲା ଥରଟିଏ ତମ ପାଦତଳେ
ବସି ବସି ବିନିଦ୍ର ବିତାନ୍ତି ରାତି
ତମ ପଦ୍ମାୟିତ ଚକ୍ଷୁଦ୍ୱୟେ ଚାହିଁ
ରାତି ମୁଁ ପୁହାନ୍ତି !

କେବେକେବେ
ଅନ୍ତରୀକ୍ଷ ଆଡ଼କୁ ଥିବା
ସୁଦୀର୍ଘ ଛାୟାପଥକୁ ଅନାଏ ମୁଁ
ଯେଉଁଠି ଦିଶିଯାଏ
ତମ କୃଷ୍ଣାୟିତ ରୂପ ସାଥେ
ବର୍ଣ୍ଣମୟ ଦ୍ୟୁତି
ହଠାତ୍ ତମେ
ଆଭା ବିକିରଣ କରି ଉଭାନ୍ ହୋଇ
ଶୂନ୍ୟତାରେ ହଜିଯାଅ -
ଅସଂଖ୍ୟ ତାରକାପୁଞ୍ଜର

ଚକ୍ରାକାର ଗୋଲକ ଦେଇ
ମୁଁ ଫେରେ ପଛକୁ
ମୁଁ ବାହୁଡ଼େ ଗୋଲୋକରୁ
ଆସକ୍ତିରୁ ମୁକ୍ତ ହୋଇ
ଭଙ୍ଗା ପକେଇ ଅମୂଳକ-ପ୍ରେମର
ତମ ପଛେ ପଛେ
ତମ ପଦଚିହ୍ନପରେ
ପାଦଥାପି ଯାଇଥିଲି ସତ
ଫେରନ୍ତା ସମୟରେ
ଅସଂଖ୍ୟ ପାଦଚିହ୍ନ ଭିତରେ
ମୋ ପାଦଚିହ୍ନର ସତ୍ତା ହିଁ ନଥିଲା

ମୁଁ ମୋ ଭିତରେ ନିତ୍ୟରାସରେ
ତମ ସାଥେ
ନିତ୍ୟଯୁକ୍ତ ଥାଏ
ତମେ ମୋର କୋଟିଏ ଜନ୍ମର ଦିବ୍ୟ ପୁଣ୍ୟଫଳ
ମୋ ପାଇଁ ତମ ଉପସ୍ଥିତି ଜୀବନ ସମ୍ବଳ
ସମର୍ପୁଛି ତମ ପାଦେ
ଯେତେକ ମୋ ଅବ୍ୟକ୍ତ ବେଦନା
ହେ ମୋର ଶ୍ୟାମଳ ସ୍ୱପ୍ନ
ସମର୍ପୁଛି ଯେତେ ମୋର
ଜୀବନର ରକ୍ତାକ୍ଷରା
କଣ୍ଟକିତ ଯାତ୍ରା ଓ ଯନ୍ତ୍ରଣା ।

ତମକୁ ଦେଉଛି ଭେଟି
ତମ ପାଇଁ ଥିବା ମୋର ଯେତେକ ଆବେଗ
ଯେତେକ ମୋ ଆଶା ଓ ଅଭିପ୍ସା
ତମ ପାଇଁ ଯେତେ ସବୁ ତୀବ୍ର ଅନୁଭବ !

ଉଦାତ୍ତ ଏ ଉଦ୍‌ବେଳନ
ତିରୋଧାନ ଲଭୁ
ତମ ପାଇଁ ତିଳତିଳ ପ୍ରେମ ମୋର
ନର୍କଦଣ୍ଡ ଭୋଗୁ
ହେ କୋଟି କୋଟି ଐଶ୍ୱର୍ଯ୍ୟର
କୌସ୍ତୁଭ କଣିକା
ଦୂରୁଥାଇ ପ୍ରଣିପାତ ଜଣାଉଛି
ଅପ୍ରାପ୍ତିର ଈଶ୍ୱରୀ ଲଳିତା ।
ତୁମେ ମୋ ଆଖିର ଲୁହ ମୋ ଦେହର ଅପିନ୍ଧା ଗହଣା
ପିନ୍ଧି ପାରିଲିନି ବୋଲି କରୁନାହିଁ ଆଉ ମନଉଣା
ପ୍ରିୟତମ ଅବସୋସ ଆଦରର ଅଭିମାନ ମୋର
ଅଭିଯୋଗ ନୁହେଁ ଏହା ଅନ୍ତର୍ଲିପି ତୁମ ଲଳିତାର
ଅଦୃଶ୍ୟରେ ଥାଅ ତୁମେ ନ ଫୁଟିବା ଫୁଲର ସୁହାସ
ମୁଁ ଅପ୍ରାପ୍ତିର ଅଧୀଶ୍ୱରୀ ତୁମେ ମୋର ପ୍ରିୟ ଦୀର୍ଘଶ୍ୱାସ !

ଅପ୍ରାପ୍ତିର ଅଧୀଶ୍ୱରୀ

ଯଦିଓ ଜାଣେ ମୁଁ
ତମେ କେବଳ ରାଧାଙ୍କର
ପୁଣି ଅନ୍ୟ ଗୋପୀଙ୍କର
ତମେ ପୁଣି ବିଶ୍ୱ ଓ ବିଶ୍ୱାତୀତର
ସବୁ ବୁଝି ମଧ୍ୟ
କାହିଁକି ମୁଁ ଏକାନ୍ତରେ ତମକୁ ଯେ ଚାହେଁ
କାହିଁକି ସବୁ ଜାଣି ମତେ ତୁମେ ଏତେ କଷ୍ଟ ଦିଅ
କାହିଁକି କୁହ ମୋତେ
ତମ ପାଇଁ ସମ୍ମୋହନ ଦେଇ ଚାଲିଥାଅ ?

ରହିଥାଉ ତମ ଷୋଳକଳା
ଜଗତ ଆକର୍ଷୁ ଥାଉ ତୁମ ଲୀଳା-ଖେଳା
ଏମିତି ଯୁଗେ ଯୁଗେ
ଭୋଗୁଥାଉ
ଏ ଲଳିତା
ଜ୍ୱାଳା ଯନ୍ତ୍ରଣାର
ନିରବେ ଏ ନିଃସଙ୍ଗତା ଦୀର୍ଘଶ୍ୱାସ ଏବଂ ଏ ଅପେକ୍ଷା
ଲଳିତାର ଏ ଜୀବନ ଯନ୍ତ୍ରଣାର ନୂଆ ପରିଭାଷା।

ହେ ନୀଳକାନ୍ତ ମଣି !
ହେ ରାସ ଶିରୋମଣି !
ଏ ଲଳିତା ଚିରକାଳ ରହୁ ହୋଇ
ଅପ୍ରାପ୍ତିର ଶ୍ରେଷ୍ଠ ଅଧୀଶ୍ୱରୀ ।

କିଛି ଅପୂର୍ଣ୍ଣ ରହୁ

କିଛି ଅପୂର୍ଣ୍ଣ ରହୁଛି ତ ରହୁ
ତମ ପାଇଁ ଏମିତି ଉଦ୍‌ବିଗ୍ନ ହୋଇ
ବ୍ରଜ-ଯମୁନାର ଘାଟ ଓ ବାଟରେ
ଅକାରଣେ ବୁଲିବା ଖୋଜିବା
ତମକୁ ପାଇ ନପାଇବା
ତମର ଏମିତି ମୋତେ
ଶୂନ୍ୟ ହସ୍ତରେ
ବାରମ୍ବାର ଫେରେଇବା
ଜାଣିଶୁଣି ମୋତେ ଦେଖି ନଦେଖିବା...
ଅପୂର୍ଣ୍ଣ ରହୁ ଆମ ପ୍ରେମ
କିଛି ଅବସୋସ
ପୁଣି କିଛି ନିଗିଡ଼ା ଅଶ୍ରୁର ଅବଶେଷ ଭିତରେ
ଏମିତି କାଳକାଳ କଥାରହୁ
ଅପମାନ - ଅପବାଦର
ଉଷ୍ମ ଦୀର୍ଘଶ୍ୱାସ !

ତମେ ଜାଣ ?
ଏପଟେ ତମ ପାଦ ଯମୁନାକୁ
ଛୁଇଁଥାଏ କି ନାହିଁ
ସେପଟେ ମୋତେ ଶୁଭେ

ରାଗମ୍ବରା ବେଣୁର ମୂର୍ଚ୍ଛନା ଓ ଜଗତ ଦିଶେ ଋତୁପର୍ଣ୍ଣା
ଚତୁର୍ଦ୍ଦିଗ ଆଲୋକିତ ହୋଇଯାଏ
ତମ ପ୍ରେମେ ଆଜୀବନ ରହିବାକୁ
କୃଷ୍ଣ, ତୁମ ନାମ ଯେ ଯଥେଷ୍ଟ, ଜାଣ ତମେ ?

ଯଦି କିଛି ଅପୂର୍ଣ୍ଣ ରହୁଛି ତ ରହୁ
ମୋ ଖୋଜିବା
ମୋ ଝୁରିବା
ତମ ପାଇଁ ବିନ୍ଦୁ ବିନ୍ଦୁ ଉଚ୍ଛ୍ୱାସକୁ ନେଇ
ଚାଲିଥାଉ ଶବ୍ଦରାସ
ପ୍ରତି ଜନ୍ମେ ମୁଁ ଲେଖୁଥାଏ
ତମ ପାଇଁ ପଦ ପରେ ପଦ
ହସି ହସି ଚାଲିଥାଉ ନିଭୃତ କାନ୍ଦଣା
ଗୋପକୁ ତମ ନ ଫେରିବା
ଗୋପ - ଗୋପୀ
ରାଧା - ଲଳିତାଙ୍କର
ସର୍ବ ଶେଷ ପ୍ରେମର ପାଉଣା !

ତୁମକୁ

ଶ୍ୟାମ ଦୁର୍ବାଦଳ !
ମୁଁ ଫେରଉଚି ମୋ ଅସହଣି ପ୍ରାରବ୍ଧ - ସୁକୃତ
ଏ ଭୂମିର ସୁବର୍ଣ୍ଣ ଝଟକ
ଭୂମାପାଇଁ ନିବିଡ଼ ଆକାଂକ୍ଷା...
ଯଦିଓ ତମେ ନିଜେ ଭୂମି ପୁଣି ଭୂମା !

ଫେରଉଚି ତମ ନୀଳ ଚନ୍ଦ୍ରିକାର
ଚିତ୍ରିତ ମାୟାକୁ
ପଞ୍ଚଭୂତର ବାସନାରେ
ତମପାଇଁ ଜଳିଥିବା
ଏ ନଶ୍ୱର କାୟାକୁ !

ନେଇଯାଅ ମୋଠୁ
ତମ ପାଇଁ ଥିବା
ଯେତେ ମୋର ଆକର୍ଷଣ
ଯିଏ ମୋତେ ଦିନ-ରାତି ତମ ପାଇଁ
ବିକଳ ହେବାକୁ
ନିରବଧି ଦିଏ ପରାମର୍ଶ
ଯେ ମୋତେ ତମ ଫେରନ୍ତା ପଥକୁ ଚାହିଁ
ନିଃଶବ୍ଦରେ ଶିକ୍ଷା ଦିଏ ଧାରଣା ଦେବାକୁ

ଯେ ମୋତେ ତମ ପାଇଁ ଅହରହ
ବେଦନାର ଅଗ୍ନିକୁଣ୍ଡେ
ସାଧନାକୁ କରୁଥାଏ ଦାହ ।
ଦେଉଛି ତମକୁ
ମନ ଓ ଆତ୍ମାରେ
ଗୋପନ ମୋ ଅଭିସାର ପାଇଁ
ଅଭିଷିକ୍ତ-ବ୍ୟବହୃତ -
ଗୌଣ ପୁଣି ଯେତେ ମହାବସ୍ତୁ
କେବଳ ତମେ ହିଁ ଜାଣ
ଲଳିତାର ମହା-ଅନୁଭବ
ଅପାର୍ଥିବ ଆବେଗର
ଦିବ୍ୟ ସ୍ୱର୍ଣ୍ଣପ୍ରସୂ
ହେ ଗୋପୀକାବଲ୍ଲଭ !
ସର୍ବଶେଷେ
ନିଅ ତମେ ସମ୍ମୋହର ଶୁଦ୍ଧ ସପ୍ତସିନ୍ଧୁ
ଓଁ କୃଷ୍ଣାର୍ପଣମସ୍ତୁ !

BLACK EAGLE BOOKS

www.blackeaglebooks.org
info@blackeaglebooks.org

Black Eagle Books, an independent publisher, was founded as a nonprofit organization in April, 2019. It is our mission to connect and engage the Indian diaspora and the world at large with the best of works of world literature published on a collaborative platform, with special emphasis on foregrounding Contemporary Classics and New Writing.

www.ingramcontent.com/pod-product-compliance
Lightning Source LLC
Chambersburg PA
CBHW020542080526
44583CB00013B/948
* 9 7 8 1 6 4 5 6 0 3 8 9 4 *